o tradicional livro negro de **SÃO CIPRIANO**

o tradicional livro negro de **SÃO CIPRIANO**

10ª edição – revista e ampliada

Rio de Janeiro | 2021
10ª edição | 2ª reimpressão

Copyright © 1985
Pallas Editora

Editoras
Cristina Fernandes Warth
Mariana Warth

Coordenação editorial
Silvia Rebello

Preparação de originais
Eneida Duarte

Revisão
Juliana Latini

Projeto gráfico de capa, miolo
e diagramação
Aron Balmas

Todos os direitos reservados à Pallas Editora e Distribuidora Ltda.
É vetada a reprodução por qualquer meio mecânico, eletrônico, xerográfico etc., sem a permissão por escrito da editora, de parte ou totalidade do material escrito.

CIP-BRASIL. CATALOGAÇÃO-NA-FONTE
SINDICATO NACIONAL DOS EDITORES DE LIVROS, RJ

T684	O tradicional livro negro de São Cipriano – 10 ed. – Rio de Janeiro: Pallas 2014. ISBN 978-85-347-0323-9 1. Feitiçaria.
96-1488	CDD 133.4 CDU 133.4

Pallas Editora e Distribuidora Ltda.
Rua Frederico de Albuquerque, 56 – Higienópolis
CEP 21050-840 – Rio de Janeiro – RJ
Tel./fax: 21 2270-0186
www.pallaseditora.com.br
pallas@pallaseditora.com.br

SUMÁRIO

Palavras iniciais, 7

Primeira parte: Breviário de São Cipriano, 9
Quem foi São Cipriano, 9
Orações cotidianas, 20
Orações de São Cipriano, 24

Segunda parte: Tesouro da magia, 45
Magias de amor, 45
Magias de proteção, 58
Magias para influenciar pessoas, 64
Magias de sorte, sucesso e prosperidade, 69

Terceira parte: Segredos da adivinhação, 75
Segredos do magnetismo, 75
Fisiognomonia, 83
Quiromancia, 91
Oniromancia, 122

PALAVRAS INICIAIS

O *Tradicional livro negro de São Cipriano* é hoje, no Brasil, uma das obras mais procuradas por todos os que se interessam pelos conhecimentos da magia antiga. A prova disso é a sua carreira de sucesso ao longo das muitas edições publicadas por esta editora. Decidimos, entretanto, que era chegado o momento de oferecer algo mais aos nossos leitores.

Analisando a correspondência recebida acerca desta obra, verificamos que nosso público sente falta de alguns detalhes e que paira alguma confusão acerca de alguns pontos do conteúdo. Observamos também que podemos encontrar algumas disparidades entre as diversas versões do *Livro de São Cipriano* atualmente editadas no Brasil. Qual seria a causa dessas diferenças? Podemos supor que foram várias: o uso do nome da obra em compilações de magia redigidas por autores que desconheciam o verdadeiro *Livro de São Cipriano*; a existência de compilações originárias de diferentes lugares, trazendo registrados, portanto, os ingredientes e os equipamentos usados tradicionalmente em cada local; ou ainda a existência de compilações que selecionaram diferentes partes do que poderia ser a obra original.

Resolvemos, então, realizar uma revisão minuciosa do texto, comparando-o com versões reconhecidas como as mais tradicionais e próximas de um possível texto original. Recuperamos detalhes que faltavam e organizamos o conteúdo de acordo com essas versões tradicionais, que dividem o livro em três partes: o *Breviário de São Cipriano*, com sua biografia e orações; o *Tesouro da magia*, com receitas de encantamentos; e *Segredos da adivinhação*, com alguns oráculos.

Considerando que, segundo a tradição, as diferentes versões do *Livro de São Cipriano* são coletâneas de diferentes partes do conteúdo da obra original, permitimo-nos fazer algumas substituições, trocando itens que se mostravam repetitivos por outros que trouxessem ao texto uma contribuição mais rica.

No que se refere aos ingredientes dos encantamentos, utilizamos, em alguns casos, tabelas de equivalência de uso corrente na magia para substituir materiais e equipamentos que hoje em dia, no Brasil, são impossíveis de se encontrar. Consideramos que essa prática segue o espírito da magia tradicional, que sempre foi uma arte enraizada no conhecimento daquilo que a natureza pode oferecer no local onde vivemos, não ferindo, portanto, o espírito da obra original.

O resultado de todo esse esforço, ao nosso ver, foi um livro mais bem organizado, mais completo e de mais fácil entendimento e utilização. Esperamos que esta nova versão agrade aos nossos leitores e lhes seja útil como foram as anteriores.

Os Editores

PRIMEIRA PARTE
Breviário de São Cipriano

QUEM FOI SÃO CIPRIANO

Cipriano, o feiticeiro

Cipriano nasceu na cidade de Antióquia, em meados do século III da Era Cristã. Antióquia, a bela, a Cidade Dourada, a Rainha do Oriente, capital da Província da Síria, era então uma das maiores e mais ricas cidades do Império Romano. Grande parte da população de Antióquia seguia uma religião que combinava antigas crenças sírias com a religião romana. Mas, na época em que Cipriano viveu, a cidade já tinha uma forte comunidade cristã.

Os pais de Cipriano seguiam a religião romana e eram muito ricos. Percebendo que o filho tinha grandes dotes intelectuais, fizeram com que Cipriano se dedicasse aos mais altos estudos, a que só podiam aspirar os nobres e poderosos.

Conta-se que Cipriano, ao completar sete anos de idade, foi posto no serviço do deus Apolo. Com dez anos foi mandado pelos pais ao monte Olimpo, na Grécia, para aprender os segredos do culto dos deuses. Aí ele estudou a magia dos elementos da natureza: como chamar o vento, como produzir raios e chuvas, como criar ondas no mar, como afetar as plantações, como controlar as doenças.

A partir dos 15 anos, Cipriano recebeu os ensinamentos de sete grandes magos gregos e aprendeu os segredos dos cultos da deusa Juno, em Argos, e de Diana, em Taurápolis (na ilha de Icária). Também aprendeu a invocar os mortos em Esparta. Com 20 anos foi para Menfis, onde aprendeu os grandes feitiços e encantamentos da magia egípcia. Com 30 anos foi para a Caldeia, onde estudou os mistérios da astrologia. Cipriano aprendeu a honrar os deuses, a interpretar os oráculos, a invocar os espíritos da natureza. Dominou todos os mistérios da religião de seus pais, tornando-se um grande sacerdote, filósofo e mago.

Mas isso não o satisfez. Fascinado pelo poder que obtivera com o domínio sobre as forças sobrenaturais, Cipriano decidiu aprofundar-se nas práticas da bruxaria. Partiu para uma longa viagem pela Pérsia, durante a qual foi aprendiz dos mais poderosos feiticeiros da época. Ao voltar para Antióquia, era um mestre na arte de conjurar demônios e lançar encantamentos.

Cipriano era respeitado pelo povo como o mais sábio e poderoso entre todos os magos. Muitos o procuravam em suas necessidades, solicitando sua ajuda ou pedindo para ser seus aprendizes.

Entretanto, esquecendo as leis da honra sacerdotal, Cipriano levava uma vida desregrada e punha-se sem escrúpulos a serviço de quem lhe pagasse pelo uso de seu poder sobre as forças infernais, sem se preocupar com os efeitos bons ou maus de seus atos. Não satisfeito, zombava dos ensinamentos e dos preceitos morais de todas as religiões.

Não faltou quem o alertasse contra os perigos que corria, censurando sua má vida e exortando-o a lutar para fugir ao abismo em que estava precipitado. Cipriano nada escutava: já estava totalmente perdido, preso nas profundezas do inferno. Mas Deus, em sua infinita misericórdia, salvou-o da perdição do modo que é contado a seguir.

A conversão

Vivia nessa época em Antióquia uma jovem chamada Justina. Seu pai, chamado Edésio, era sacerdote dos deuses romanos; sua mãe chamava-se Cledônia. Certa vez, quando estava sentada junto à janela de sua casa, Justina ouviu a pregação de um diácono que passava, chamado Preilius. Ele falava de Jesus Cristo tornado homem, de seu nascimento da Virgem Maria, de seus milagres, de seu martírio e de sua glória nos céus. Caindo no coração de Justina, a pregação encontrou bom solo e logo começou a florescer. A jovem procurou o diácono para ser instruída e se converteu à fé cristã.

Pouco tempo depois, Justina conseguiu converter a mãe e até mesmo o pai à nova fé. Os três procuraram Optatus, bispo cristão da cidade, que os batizou. Sentindo a força da fé dos novos adeptos, o bispo fez Edésio presbítero. Justina fez voto de castidade, decidindo seguir a vida religiosa.

Havia em Antióquia um jovem chamado Aglaias. Filho de uma família nobre, rica e poderosa, Aglaias estava acostumado a satisfazer todos os seus desejos. Certa vez, ele viu Justina quando a moça ia para a igreja, e apaixonou-se por ela. Decidiu então seduzi-la por qualquer meio. Passou a segui-la e um dia a abordou e fez suas propostas. Como Justina recusou-se a ouvi-lo, Aglaias mudou de tática e perguntou se ela queria casar com ele. A moça respondeu:

— Meu noivo é Cristo; eu o sirvo e preservo para ele minha pureza. Ele preserva minha alma e meu corpo de todo mal.

Essa resposta só serviu para aumentar a paixão de Aglaias. Juntando um grupo de amigos tão desordeiros quanto ele mesmo, tentou raptá-la. Mas a moça reagiu e foi salva por vizinhos que ouviram o barulho na rua. Irritado e envergonhado, Aglaias procurou o feiticeiro Cipriano, contou o caso e pediu sua ajuda, prometendo-lhe muito ouro e prata em pagamento de seus serviços. Cipriano prometeu realizar seu desejo:

— Deixe tudo comigo! — disse ele — Essa moça vai sentir por você uma paixão mais forte do que a que você sente por ela.

Dito isso, Cipriano pôs-se a trabalhar. Consultando seus livros da arte secreta, invocou um espírito maligno que seguramente poderia inflamar de paixão o coração de Justina. O demônio prometeu realizar o pedido:

— Isto é muito fácil para mim. Eu muitas vezes sacudi cidades, derrubei muralhas, destruí casas, causei derramamento de sangue e parricídio, instilei ódio entre irmãos e esposos, e levei ao pecado muitos que tinham feito voto de castidade. Mas por que preciso falar? Em vez disso, vou mostrar meu poder. Pegue esse pó — e deu a Cipriano um frasco — e entregue-o ao rapaz. Ele deve espalhar o pó na casa de Justina, e você verá então o que vai acontecer.

Após falar, o demônio desapareceu. Cipriano chamou Aglaias, entregou-lhe o frasco e ensinou-lhe como deveria agir. O rapaz foi até a casa da moça e lá, disfarçadamente, espalhou o pó. Assim que terminou, o demônio entrou na casa levando as flechas flamejantes da luxúria com que pretendia ferir o coração de Justina, criando nele desejos sensuais.

Justina costumava, todas as noites, oferecer uma prece ao Senhor. Nesse dia, quando se preparava para rezar, a moça sentiu de repente uma grande agitação, uma tempestade de desejo carnal e o fogo da paixão. Ela ficou presa nessa agitação por um longo tempo; Aglaias veio à sua mente, junto com pensamentos impuros. A jovem se espantou e envergonhou-se do que sentia e pensava. Mas, em seu bom senso, Justina percebeu que havia começado dentro dela uma batalha com o demônio. Então armou-se com o sinal da cruz e rezou com todo o fervor:

— Senhor, meu Senhor Jesus Cristo! Vede quantos inimigos se levantaram contra mim e prepararam uma rede para me capturar e perder minha alma. Mas eu lembrei vosso nome e me alegrei, e, agora que eles estão perto de mim, eu me volto para vós e tenho fé em que o inimigo não me vencerá. Sabei, Senhor meu Deus, que eu, vossa serva, guardei a pureza do meu corpo e confiei minha alma a vós. Guardai vosso cordeiro, oh, Bom Pastor; não o deixeis ser devorado pela fera que o persegue. Assegurai minha vitória contra o desejo perverso da minha carne.

Com essa prece, Justina derrotou o inimigo. O demônio abandonou-a humilhado e ela sentiu-se novamente calma de corpo e coração; a chama do desejo se apagou, a batalha terminou, o sangue fervente esfriou. Justina então glorificou a Deus e entoou um salmo de vitória.

O demônio voltou para junto de Cipriano e narrou sua derrota. O feiticeiro perguntou por que ele não tinha conseguido vencer a virgem; o demônio respondeu:

— Eu não pude conquistá-la porque vi nela um sinal de que tenho medo.

Então Cipriano invocou um demônio mais poderoso do que o primeiro e deu-lhe a tarefa de corromper Justina. Este caiu sobre a moça com grande violência. Mas Justina novamente se armou com orações e mortificou o corpo com um rigoroso jejum, durante o qual ingeriu somente pão e água. Assim expulsou o demônio, que voltou a Cipriano para narrar sua derrota.

Então Cipriano invocou um dos príncipes dos demônios e contou-lhe o que ocorrera. Garantindo a Cipriano que a tarefa seria cumprida, o demônio tomou a forma de uma mulher e foi em busca de Justina. Começou a conversar com a moça, dizendo que desejava imitar sua vida piedosa, e perguntou qual seria a recompensa que ganharia por levar vida tão santa e pura.

Justina respondeu que a recompensa era grande e ia além das palavras, e que ela achava estranho que as pessoas não se interessassem por conquistar o tesouro da pureza angélica. Então o demônio começou a tentá-la, dizendo:

— Mas então como o mundo iria existir? Como as pessoas iriam nascer? Se Eva tivesse conservado sua pureza, como a espécie humana teria surgido? Na verdade, o casamento é uma coisa boa, e foi estabelecido pelo próprio Deus. A Sagrada Escritura diz que "o casamento deve ser respeitado por todos" (Heb. 13:4). E muitos santos também foram casados, o que lhes foi dado por Deus como consolação, para que pudessem se alegrar em seus filhos.

Ouvindo essas palavras, Justina imediatamente reconheceu o demônio e, mais habilidosa do que Eva, derrotou-o. Sem continuar a conversa, buscou logo em sua defesa a cruz do Senhor e traçou o poderoso signo diante de si. Voltou o coração para Cristo, seu noivo, e o demônio imediatamente fugiu, mais envergonhado que os dois primeiros. Sabendo do ocorrido, Cipriano se irritou:

— Como é possível que até você, um príncipe poderoso e mais hábil que os outros, não tenha conseguido conquistar uma moça? Qual de vocês, então, pode atingir o coração invencível dela? Diga-me com que arma ela luta contra vocês, e como ela destrói seu grande poder.

O demônio respondeu:

— Nós não podemos enfrentar o sinal da cruz, porque ele nos queima como fogo e nos expulsa para longe.

Desejando satisfazer Cipriano, o demônio tentou outra artimanha. Tomou a forma de Justina e foi procurar Aglaias, para que este pudesse satisfazer seu desejo sem saber do fracasso do feiticeiro. O rapaz abraçou e beijou a falsa moça, muito animado:

— Como é bom que você esteja comigo, bela Justina!

Mas foi apenas ele pronunciar o nome da moça, que o demônio desapareceu no ar. O jovem ficou furioso e, buscando Cipriano, perguntou o que havia acontecido. Depois de contar tudo, o feiticeiro teve uma ideia: transformou Aglaias num pássaro e o rapaz voou até a casa de Justina, levado pelos ares pelo demônio. Quando o falso pássaro entrou do pátio, Justina apareceu na janela do quarto.

Vendo-a, o demônio largou o rapaz e desapareceu. Imediatamente a forma de pássaro se desfez e o rapaz caiu. Ele conseguiu se agarrar no beiral do telhado, ficando pendurado, mas, se não tivesse sido levado suavemente ao chão pela oração que Justina recitou, teria caído no chão e morrido. Derrotado, o rapaz foi contar tudo a Cipriano.

Humilhado, o feiticeiro resolveu enfrentar, ele mesmo, a moça. Invocou novamente o grande demônio, pedindo que lhe ensinasse os seus segredos mais ocultos e lhe desse seu poder. Os dois estabeleceram um pacto e, em troca da alma do bruxo, o diabo tomou Cipriano como aprendiz. Eles passaram um ano juntos, dentro de uma caverna perto de Antióquia, e Cipriano desvendou todas as artes diabólicas. Terminada a aprendizagem, o feiticeiro voltou a tentar corromper a moça. Primeiro disfarçou-se de mulher, depois de pássaro, mas nada obteve: ele nem conseguia chegar perto da jovem, pois a porta da casa de Justina desaparecia para o mago mesmo quando ele estava disfarçado. Então Cipriano foi obrigado a aceitar a derrota.

Sedento de vingança, Cipriano usou sua feitiçaria para causar grandes infortúnios aos parentes, vizinhos e amigos de Justina. Fez com que seus animais morressem e seus servos adoecessem; assim levou todos à miséria. Por fim, fez com que a própria Justina ficasse enferma.

Como nem assim conseguiu quebrar a resistência da moça, Cipriano feriu Antióquia com pragas e doenças; e correu o boato de que o grande feiticeiro estava punindo a cidade inteira por causa da oposição de Justina a ele. Então os mais nobres cidadãos foram a Justina e tentaram convencê-la a não reagir mais contra Cipriano e a casar-se com Aglaias para salvar a cidade. Mas a moça acalmou-os, dizendo que logo os infortúnios causados pelo feiticeiro iriam terminar.

E isso realmente aconteceu. Justina orou a Deus e imediatamente o ataque dos demônios cessou. Todos ficaram curados e as pragas desapareceram. Vendo isso, o povo glorificou a Deus e zombou tanto de Cipriano, que ele se escondeu até dos amigos mais íntimos.

Mas logo Cipriano caiu em si e recuperou a consciência. Convencido de que nada poderia vencer o poder do sinal da cruz e do nome de Cristo, o feiticeiro disse ao demônio:

— Oh, destruidor de tudo, fonte de toda impureza e corrupção! Agora descobri sua fraqueza. Se você teme só a sombra da cruz e treme diante do nome de Jesus, o que vai acontecer quando o próprio Cristo lhe aparecer? Se você não pode vencer os que marcam a si mesmos com o sinal da cruz, como vai tirar alguém das mãos de Cristo? Agora eu entendo a nulidade que você é. Você não é capaz nem de se vingar! Escutando você, desgraçado, fui enganado e acreditei em suas armadilhas. Longe de mim, maldito, longe de mim! Porque eu vou implorar aos cristãos que tenham pena de mim. Vou implorar ao povo piedoso, porque eles podem me tirar da perdição e me levar para a salvação. Longe de mim, longe de mim, criminoso, inimigo da verdade e de tudo que é bom!

Ouvindo isso, o demônio atacou Cipriano, espancando-o e estrangulando-o, pretendendo matá-lo para se apoderar de sua alma. Juntando toda a sua coragem, Cipriano chamou o nome de Jesus e fez o sinal da cruz. O demônio se afastou da vítima, mas continuou tentando atacá-la de todas as maneiras, enquanto gritava:

— Cristo não vai tirar você das minhas mãos!

Depois de uma longa batalha, em que Cipriano se defendia com o sinal da cruz, o demônio desistiu e, rugindo como um leão, desapareceu. Então Cipriano pegou todos os seus livros de magia e foi em busca do bispo cristão Antimus. Ajoelhando-se aos seus pés, pediu que o religioso tivesse misericórdia dele e o batizasse. Sabendo que Cipriano era um grande feiticeiro, Antimus temeu uma armadilha e recusou o pedido, dizendo:

— Você faz muitas maldades entre os pagãos. Deixe os cristãos em paz, antes que os destrua.

Chorando, Cipriano confessou todos os seus erros e entregou ao bispo seus livros para que fossem queimados. Vendo essa humildade, o bispo o instruiu na fé cristã e orientou-o para que se preparasse para o batismo; e os livros de Cipriano foram queimados diante de todos os habitantes da cidade.

Deixando o bispo, com o coração contrito, Cipriano lamentou seus pecados, cobriu a cabeça com cinzas e se arrependeu sinceramente, pedindo a Deus a purificação de suas iniquidades. No dia seguinte, voltou à igreja e ouviu a palavra de Deus com grande emoção, sentado entre os fiéis. Quando o diácono mandou que se retirassem os que ainda se preparavam para o batismo, Cipriano hesitou, dizendo:

— Sou um servo de Cristo; não me expulse daqui.

Mas o diácono falou:

— Como você não foi ainda batizado, deve sair da igreja.

Mas Cipriano respondeu:

— Como Cristo, meu Deus, me arrancou das mãos do demônio, preservou a pureza da virgem Justina e teve misericórdia de mim, você não vai me expulsar da igreja até que eu me torne um cristão completo.

O diácono contou tudo ao bispo. Este, vendo o fervor de Cipriano e sua devoção à fé de Cristo, chamou-o e imediatamente batizou-o. Sabendo disso, Justina deu graças a Deus, distribuiu muitas esmolas aos pobres e fez uma oferenda à igreja.

Oito dias após o batismo, Cipriano foi feito leitor das escrituras pelo bispo. No vigésimo dia foi feito subdiácono e, no trigésimo dia, diácono. Um ano depois foi ordenado padre.

Cipriano mudou totalmente de vida. A cada dia ele aumentou suas forças e, vencendo suas más tendências passadas, aperfeiçoou-se e cresceu de virtude em virtude. Logo foi feito bispo e, nessa posição, levou uma vida que se igualou à dos maiores santos. Ao mesmo tempo, cuidou com grande zelo do rebanho de Deus que a ele foi confiado.

Justina tornou-se diaconisa e, mais tarde, abadessa do convento em que tinha ingressado. Por sua conduta e instrução, realizou muitas conversões para a igreja de Cristo. Assim, graças ao exemplo e à atividade de Cipriano e Justina, o culto de outras religiões começou a morrer na região, e a glória de Deus cresceu.

O martírio

Corria o ano de 304. Desde o ano anterior, a Ásia Menor era assolada pela grande perseguição aos cristãos promovida pelo imperador Diocleciano, estabelecido na Nicomédia (atual Izmit, na Turquia), capital oriental do Império Romano.

Era um bom tempo para vinganças e traições. Vendo a vida santa e piedosa que Cipriano seguia nos últimos anos, o demônio instigou os não-cristãos de Antióquia a denunciá-lo, alegando que ele humilhara os deuses e afastara muitos de seus fiéis, glorificando Cristo, que era hostil à religião dos ancestrais. Dando ouvidos a esses argumentos, um grupo de cidadãos antioquianos procurou o governador Eutolmius e apresentou denúncia contra Cipriano e Justina, acusando-os de instigar o povo contra a religião e as autoridades, e pedindo que fossem condenados à morte. Acolhendo a denúncia, Eutolmius mandou prender Cipriano e Justina. Como ia para Damasco, levou-os junto, para que lá fossem submetidos a julgamento.

No interrogatório, o governador perguntou a Cipriano:

— Por que você abandonou seu antigo e brilhante modo de vida, em que era um renomado servo dos deuses, e levou tantos com você?

Cipriano contou como havia descoberto a fraqueza dos demônios e como havia percebido o poder de Cristo, que os demônios temiam e diante do qual tremiam, desaparecendo diante do sinal da cruz. E explicou a razão de sua conversão à fé de Cristo, por quem se declarou disposto a morrer.

Eutolmius não aceitou as palavras de Cipriano mas, incapaz de argumentar contra elas, mandou que o prisioneiro fosse dependurado e tivesse o corpo retalhado, e que Justina fosse espancada na boca e nos olhos.

Durante todo o tempo que durou a tortura, ambos se fortaleceram orando e dando graças a Deus sem parar. Então o governador mandou levá-los para o cárcere e exortou-os a voltar à religião antiga. Não conseguindo convencê-los a abjurar sua fé, mandou que fossem postos em um caldeirão com uma mistura fervente de breu, gordura e cera; mas eles não sofreram qualquer dano e glorificaram ao Senhor como se estivessem num lugar agradavelmente fresco. Vendo isso, um dos sacerdotes do grupo de juízes, chamado Atanásio, falou:

— Em nome do deus Esculápio, eu também vou entrar nesse fogo e humilhar esses feiticeiros.

Mas a mistura fervente queimou-o e ele morreu imediatamente.

Vendo isso, Eutolmius ficou com medo e, não desejando ser responsável pelo julgamento dos prisioneiros, mandou os mártires para a Nicomédia, para que fossem julgados por Diocleciano. Este condenou-os à morte por decapitação. Quando chegaram ao local da execução, Cipriano pediu um momento para rezar; por isso Justina foi executada primeiro. Na verdade, ele fizera o pedido porque temia que a moça fosse tomada pelo medo ao ver sua morte; mas Justina entregou a cabeça à espada com alegria e partiu para junto do seu Noivo Divino.

Vendo a execução dos mártires, um cidadão chamado Teoctisto, que estava entre os assistentes, foi tomado pela piedade e, inflamado com o amor de Cristo, abraçou e beijou Cipriano, declarando-se cristão. Então foi executado junto com o bispo de Antióquia.

Assim, os três mártires da Nicomédia entregaram a alma ao Senhor. Seus corpos ficaram insepultos por seis dias. Então alguns cristãos estrangeiros os recolheram e secretamente os levaram para

Roma. Lá os entregaram a uma dama virtuosa, chamada Rufina, parente do imperador, que os enterrou em terras de sua propriedade. Segundo a tradição, mais tarde, os restos dos três mártires foram transferidos para a Basílica de Constantino, em Roma.

Muito tempo depois...

Durante a Idade Média, surgiram na Península Ibérica várias lendas sobre São Cipriano. Uma delas conta que o mártir, apesar de ter se tornado sacerdote cristão, não abandonou a magia. Antes de morrer, Cipriano escreveu um livro com todos os seus conhecimentos, que legou a seus seguidores.

Dizem também que Cipriano, de alguma forma, percorreu a Espanha. Nessas andanças ele ensinou seus segredos aos bruxos da região e deu-lhes seu livro. Contam que existe perto da cidade de Salamanca, na Espanha, uma caverna em que Cipriano viveu dedicado à feitiçaria, como nos seus tempos de pacto com o demônio em Antióquia, e onde recebeu seus aprendizes.

Diz-se ainda que a famosa bruxa de Évora, que viveu nessa cidade de Portugal no século XVI e foi condenada pela Inquisição, aprendeu magia com São Cipriano e preservou os segredos do grande feiticeiro.

Verdade? Fantasia? Quem pode saber? A realidade que restou de todas essas histórias foi o *Livro de São Cipriano* que hoje conhecemos.

ORAÇÕES COTIDIANAS

Pai-nosso

Pai nosso, que estais no céu, santificado seja o vosso nome, venha a nós o vosso reino, seja feita a vossa vontade, assim na terra como no céu. O pão nosso de cada dia nos dai hoje; perdoai as nossas ofensas, assim como nós perdoamos a quem nos tem ofendido, e não nos deixeis cair em tentação, mas livrai-nos do mal. Amém.

Ave-maria

Ave Maria, cheia de graça, o Senhor é convosco; bendita sois vós entre as mulheres e bendito é o fruto do vosso ventre, Jesus. Santa Maria, Mãe de Deus, rogai por nós, pecadores, agora e na hora da nossa morte. Amém.

Salve-rainha

Salve Rainha, Mãe de misericórdia, vida, doçura, esperança nossa, salve! A vós bradamos, os degredados filhos de Eva, a vós suspiramos, gemendo e chorando neste vale de lágrimas. Eia, pois, advogada nossa, esses vossos olhos misericordiosos a nós volvei, e depois deste desterro mostrai-nos Jesus, bendito fruto de vosso ventre, ó clemente, ó piedosa, ó doce sempre Virgem Maria!
— Rogai por nós, Santa Mãe de Deus!
— Para que sejamos dignos das promessas de Cristo.

Glória

Glória ao Pai, ao Filho e ao Espírito Santo. Como era no princípio, agora e sempre. Amém.

Credo

Creio em Deus Pai Todo Poderoso, criador do céu e da terra, e em Jesus Cristo, seu único filho, nosso Senhor, que foi concebido pelo poder do Espírito Santo, nasceu da Virgem Maria, padeceu sob Pôncio Pilatos, foi crucificado, morto e sepultado, desceu à mansão dos mortos, ressuscitou ao terceiro dia, subiu aos céus e está sentado à direita de Deus Pai Todo Poderoso, de onde há de vir a julgar os vivos e os mortos. Creio no Espírito Santo, na santa Igreja Católica, na comunhão dos santos, na remissão dos pecados, na ressurreição da carne, na vida eterna. Amém.

Ato de contrição

Meu Jesus, que morrestes na cruz para nos salvar, perdoai todos os meus pecados, pois me arrependo e não quero mais pecar.

Ladainha do Sagrado Coração de Jesus

Senhor, tende piedade de nós.
Jesus Cristo, tende piedade de nós.
Senhor, tende piedade de nós.
Jesus Cristo, ouvi-nos.
Jesus Cristo, atendei-nos.
Deus Pai dos céus, tende piedade de nós.
Deus Filho, redentor do mundo,
Deus Espírito Santo,
Santíssima Trindade, que sois um só Deus,
Coração de Jesus, filho do Pai Eterno,
Coração de Jesus, formado pelo Espírito Santo no seio da Virgem Maria,
Coração de Jesus, unido substancialmente ao Verbo de Deus,
Coração de Jesus, de majestade infinita,
Coração de Jesus, templo santo de Deus,
Coração de Jesus, tabernáculo do Altíssimo,
Coração de Jesus, casa de Deus e porta do céu,
Coração de Jesus, fornalha ardente de caridade,
Coração de Jesus, receptáculo de justiça e de amor,

Coração de Jesus, cheio de bondade e de amor,
Coração de Jesus, abismo de todas as virtudes,
Coração de Jesus, digníssimo de todo o louvor,
Coração de Jesus, rei e centro de todos os corações,
Coração de Jesus, em que se encerram todos os tesouros da sabedoria e ciência,
Coração de Jesus, onde habita toda a plenitude da divindade,
Coração de Jesus, em que o Pai pôs toda a sua complacência,
Coração de Jesus, de cuja plenitude todos nós recebemos,
Coração de Jesus, o desejado das colinas eternas,
Coração de Jesus, paciente e de muita misericórdia,
Coração de Jesus, riquíssimo para todos que vos invocam,
Coração de Jesus, fonte de vida e santidade,
Coração de Jesus, propiciação por nossos pecados,
Coração de Jesus, saturado de opróbrios,
Coração de Jesus, triturado de dor por causa de nossos crimes,
Coração de Jesus, obediente até à morte,
Coração de Jesus, transpassado pela lança,
Coração de Jesus, fonte de toda a consolação,
Coração de Jesus, nossa vida e ressurreição,
Coração de Jesus, nossa paz e reconciliação,
Coração de Jesus, vítima dos pecadores,
Coração de Jesus, salvação dos que esperam em vós,
Coração de Jesus, esperança dos que morrem em vós,
Coração de Jesus, delícia de todos os santos,
Cordeiro de Deus, que tirais os pecados do mundo, perdoai-nos, Senhor.
Cordeiro de Deus, que tirais os pecados do mundo, ouvi-nos, Senhor.
Cordeiro de Deus, que tirais os pecados do mundo, tende piedade de nós.
— Jesus, manso e humilde de coração,
— Fazei nosso coração semelhante ao vosso.

Oremos. Deus onipotente e eterno, olhai para o coração de vosso Filho diletíssimo e para os louvores e as satisfações que ele, em nome dos pecadores, vos tributa; e aos que imploram a vossa misericórdia concedei benigno o perdão em nome do vosso mesmo filho Jesus Cristo, que convosco vive e reina pelos séculos dos séculos. Amém.

Oração da manhã

Deus vos salve, luz do dia. Deus vos salve, quem nos cria. Deus vos salve, meu Jesus, filho da Virgem Maria. Quando vem rompendo a aurora, no amanhecer do dia, me encomendo a Jesus Cristo, filho da Virgem Maria.

Oração da noite

Com Deus me deito, com Deus me levanto, na graça de Deus e do Espírito Santo. Nossa Senhora me cubra com seu manto. O Senhor, meu Jesus Cristo, filho da Virgem Maria, me acompanhe esta noite, amanhã e todo dia.

ORAÇÕES DE SÃO CIPRIANO

Oração a São Cipriano

Contra malefícios, feitiçarias, mau-olhado e sortilégios.
  Em nome do Pai, do Filho, do Espírito Santo †.
  Louvado seja Nosso Senhor Jesus Cristo, por todos os séculos dos séculos. Assim seja.
  São palavras de Deus: o Senhor conhece o caminho dos justos; o caminho dos pecadores perecerá. Vós, São Cipriano, conheceis os caminhos dos que praticam maldades.

Sois justo, sábio, prudente e caridoso. Arrependido dos meus pecados, ajoelho-me aos vossos pés. Errei, pequei, cego andei pelos caminhos do erro. Sois justo, sábio, prudente e caridoso. Confio em vossa intercessão junto à Misericórdia Divina para o perdão dos meus pecados.

Glória a Deus nas alturas, paz na terra aos homens de boa vontade.

Preservai-me, São Cipriano, das tentações e insídias do espírito das trevas, dos ataques dos demônios e seus subordinados, da astúcia de Belzebu, da malícia de Astarot, da malvadez de Moloc.

Limpai a minha mente dos maus pensamentos, purificai o meu coração dos maus sentimentos e minha boca das más palavras. Afugentai de mim os obsessores, os espíritos malignos enviados por Satanás.

Glorioso mártir, São Cipriano, afastai de mim, da minha casa e da minha família os espíritos a serviço das criaturas perversas, aliadas do demônio, anulando as obras ruins de feitiçarias e bruxedos.

Rezar três Credos, três Pais-nossos, três Salve-rainhas.

Em nome do Pai, do Filho, do Espírito Santo †.

Assim seja.

Rezar três vezes seguidas, à meia-noite, diante de um crucifixo, com sete velas acesas. Deixar as velas queimarem até o fim.

Oração que se lê a um enfermo,
para se saber se a moléstia é natural ou sobrenatural

Esta oração é dita em latim para que o enfermo não possa usar de impostura, porque, não entendendo quando se há de mover ou estar quieto, não pode enganar o religioso.

Se o religioso entender que é demônio ou alma perdida, diga a ladainha; no fim da ladainha ponha-lhe o Preceito que está mais adiante.

Praecipitur in Nomine Jesus, ut desinat nocere aegroto, statim cesse delirium, et illuo ordinate discurrat. Si cadat, ut mortuus, et sine mora surget at praeceptu. Exorcistae factu in Nomine Jesus. Si in pondere assicitur, ut a multis hominibus elevaret non aliqua parte corporis si dolor, vel tumor, et ad signo Crucis, vel imposito praecepto in nomine Jesus cessat. Si side causa velit sibi morte inserre, se praecepite dure. Quando imaginationi, se praesentat res inhonestae contra Imagines Christi, et Sanctorum, et si eorem tempore sentiant in capit, ut plumbum, ut aquam frigidam, vel ferrum ignitem, et hoc fugit ad signum Crucis vel invocato Nomine Jesus. Quando Sacramenta, Reliquias, et res sacrus odit; quando nulla praecedente tribulation, desperat, se dilacerat. Quando subito patenti lumen aufertur, et subito restitutor; quando diurno tempore nihil vidit, et nocturno bene vidit, et sine luce lugit epistolam; si subito siat surdus, te postea bene audiat, nom solum materialia, sed spiritualia. Si per septem, vel novem dies nihil, vel parum comelens fortis est, et pinguis, sicut antea. Si loquitur de Mysteris ultra suas capacitatem, quando non custat de illus sancitate. Quando ventus vehemens discurria per totum corpus ad mudum formicarum; quando elevatur corpus contra volutatem patientes, et non apparet a quo levantur. Clamores, scissio vestium, arrotatines dentium, quando potiens non est stultus: vel quando humo natura debilis non potest teneri a multis. Quando haber linguam tumidam, et nigram, quando guttur instatur, quando audiuntur rugitus leonum, balatus ovium, latratus canun, porcorum grumitus, et similium. Si varie praeter naturam vidente, et audiunt, si homines maximo odio perseuntur; si praecipitis se exponunt, se oculos horribiles habent, remanent, sensibus destituti. Quando corpus talibenedictit, quando ab Aecclesia fugit, et aquam benedictam non consenti; quando iratos se ostendunt contra Ministros superdonentes Reliquias capii (eti occulte). Quando Imagines Christi, et virginis Mariae nolunt inspicere sed conspuunt, quando verba sacra nolun, profere, vel si proferant, illa corrumpunt, et balbat cienter student profere. Cum superposita capiti manu sacra ad lectionem Evangeliorum conturbatum aegrotus, cum plusquam solitum palpitaverit, sensus occupantum, gattae sudoris destuunt, anxietates sentit; stridores usque ad Caelum mittit, sed posernit, vel similia facit. Amen.

Preceito posto ao demônio, para que ele não mortifique o enfermo

Deve-se repetir esta oração muitas vezes, principalmente às mulheres grávidas, para que não aconteça algum vômito com os fortes ataques que os demônios causam nesta ocasião.

Em seguida, deve-se dizer a Oração de São Cipriano, para desfazer toda qualidade de feitiçaria e conjurações dos demônios, espíritos malignos ou ligações que tenham feito homens ou mulheres, ou para rezar em uma casa que se desconfie estar possessa por espíritos malignos, ou, finalmente, para tudo que diz respeito a moléstias sobrenaturais.

Eu, como criatura de Deus, feita à sua semelhança e remida com o seu santíssimo sangue, vos ponho preceito, demônio ou demônios, para que cessem os vossos delírios, para que esta criatura não seja jamais por vós atormentada com as vossas fúrias infernais.

Pois o nome do Senhor é forte e poderoso, por quem eu vos cito e notifico que vos ausenteis deste lugar para fora. Eu vos ligo eternamente no lugar que Deus Nosso Senhor vos destinar, porque com o nome de Jesus vos piso e rebato e vos expulso mesmo do meu pensamento para fora. O Senhor seja comigo e com todos nós, ausentes e presentes, para que tu, demônio, não possas jamais atormentar as criaturas do Senhor. Fugi, partes contrárias, pois venceu o leão de Judá e a raça de Davi.

Amarro-vos com as cadeias de São Pedro e com a toalha que limpou o santo rosto de Jesus Cristo, para que jamais possais atormentar os viventes.

Recitar o Ato de contrição.

Conjuração

Esta conjuração deve ser feita pelo religioso, com todo o respeito e fé, e quando vir que o enfermo está aflito e que o demônio ou mau espírito não quer sair, deve tornar a ler o preceito ou a oração em latim apresentados anteriormente.

Eu, (*dizer o próprio nome*), em nome de Nosso Senhor Jesus Cristo, absolvo o corpo de (*dizer o nome da pessoa*) de todos os maus feitiços, encantamentos e empates que fazem e requerem homens e mulheres, em nome de Deus Nosso Senhor Jesus Cristo, Deus de Abraão, Deus muito grande e poderoso, glorificado seja. Para sempre sejam em seu santíssimo Nome destruídos, desfeitos, desligados, reduzidos a nada todos os males de que padece este vosso servo (*dizer o nome*); venha Deus com seus bons auxílios, por amor de misericórdia. Que tais homens ou mulheres que são causadores destes males sejam tocados no coração para que não continuem com esta maldita vida.

Sejam comigo os anjos do céu, principalmente São Miguel, São Gabriel, São Rafael e todos os santos, santas e anjos do Senhor, e os apóstolos do Senhor, São João Batista, São Pedro, São Paulo, Santo André, São Tiago, São Matias, São Lucas, São Felipe, São Marcos, São Simão, Santo Anastácio, Santo Agostinho e todos os santos Evangelistas, João, Lucas, Marcos, Mateus e todas as ordens dos querubins, serafins e arcanjos criados por obra e graça do divino Espírito Santo.

Pelas setenta e duas línguas que estão espalhadas pelo mundo e por esta absolvição e pela voz que chamou Lázaro de sepulcro, por todas estas virtudes, seja tudo igual ao seu próprio ser que antes tinha ou à saúde de que gozava antes de ser arrebatado pelos demônios, pois eu, em nome do Todo Poderoso, mando que cesse todo esse descontrole sobrenatural.

Ainda mais pela virtude daquelas santíssimas palavras por que Jesus Cristo chamou: "Adão, Adão, Adão, onde estás?", por estas santíssimas palavras absolvamos, por esta virtude de quando Jesus Cristo disse a um enfermo: "Levanta-te e vai para a tua casa e não queiras mais pecar", curando-o da enfermidade com que devia estar há três anos, absolva-te Deus, que criou o céu e a terra, e que Ele tenha compaixão de ti, (*dizer o nome da pessoa*), pelo profeta Daniel, pela santidade de Israel e por todos os santos e santas de Deus. Absolvei este vosso servo ou serva, (*dizer o nome da pessoa*), abençoai toda a sua casa e todas as mais coisas, que sejam livres do poder dos demônios por Emanuel, e que Deus seja por todos nós. Amém.

Pelo santíssimo nome de Deus Nosso Senhor Jesus Cristo, que todas as coisas aqui nomeadas sejam desligadas, desenfeitiçadas, desalfinetadas de todos os empates que foram formados por arte do demônio ou seus companheiros. Seja tudo destruído, que eu mando da parte do Onipotente, para que já, sem apelação, sejam desligados e se desliguem todos os maus feitiços e ligamentos e toda a má ventura, por Cristo Senhor Nosso. Amém.

Oração de São Cipriano

Eu, servo de Deus, a quem amo de todo o meu coração, corpo e alma, lamento por vos não amar desde o dia em que me destes o ser. Porém, vós, meu Deus e meu senhor, sempre vos lembrastes deste vosso servo.

Agradeço-vos, meu Deus e meu Senhor, de todo o meu coração, os benefícios que de vós estou recebendo. Agora, ó Deus das alturas, dai-me força e fé para que eu possa desligar tudo quanto tenho ligado, para o que invocarei sempre o vosso santíssimo nome. Em nome do Pai, do Filho e do Espírito Santo, amém.

É certo, nosso Deus, que agora sou vosso servo, dizendo-vos: Deus forte e poderoso, que morais no grande cume que é o céu, onde existe o Deus forte e santo, louvado sejais para sempre!

Vós vistes as malícias deste vosso servo! E malícias pelas quais eu fui metido debaixo do poder do diabo, mas eu não conhecia o vosso santo nome. Pois eu, pelas minhas malícias e minhas grandes maldades, ligava as mulheres prenhes para que não pudessem parir, ligava as nuvens do céu, ligava as águas do mar para que os pescadores não pudessem navegar para pescarem o peixe para sustento dos homens! E todas estas coisas eu fazia em nome do demônio.

Agora, meu Deus e meu Senhor, venho implorar que sejam desfeitas e desligadas as bruxarias e feitiçarias da alma ou do corpo de (*dizer o nome da pessoa*). Pois vos chamo, ó Deus poderoso, para que rompais todos os ligamentos dos homens e das mulheres †.

Caia a chuva sobre a face da terra para que de seu fruto as mulheres tenham seus filhos. Livre de qualquer ligamento que lhe tenha feito, desligue o mar para que os pescadores possam pescar. Livre de qualquer perigo, desligue tudo quanto está ligado nesta criatura do Senhor; seja desatada, desligada de qualquer forma que esteja; eu a desligo, desalfineto, rasgo, calco e desfaço tudo, boneco ou boneca que esteja em algum poço ou vala, para secar (*dizer o nome da pessoa*). Todo maldito diabo seja derrotado e tudo seja livre de todos os males ou malfeitos, feitiços, encantamentos, superstições ou artes diabólicas. O Senhor tudo destruiu e aniquilou: o Deus dos altos céus seja glorificado no céu e na terra, assim como Emanuel, que é o nome de Deus poderoso.

Assim como a pedra seca se abriu e lançou água de que beberam os filhos de Israel, assim o Senhor muito poderoso, com a mão cheia de graça, livre este vosso servo, (*dizer o nome da pessoa*), de todos os malefícios, feitiços, ligamentos, encantos e tudo que seja feito pelo diabo ou seus servos. E assim que tiver esta oração sobre si e a trouxer consigo ou a tiver em casa, seja com ela diante do Paraíso terreal, do qual saíram quatro rios, Aras e Kuras, Tigris e Eufrates, pelos quais mandastes deitar água a todo o mundo. E por ela vos suplico, Senhor, meu Jesus Cristo, filho de Maria Santíssima, proteção contra quem mandar entristecer ou maltratar pelo maldito espírito maligno. Nenhum encantamento nem malfeito façam, nem movam má coisa contra esse vosso servo, (*dizer o nome da pessoa*), mas todas as coisas aqui mencionadas sejam detidas e anuladas, para o que eu invoco as setenta e duas línguas que estão repartidas por todo o mundo. Que seus contrários sejam aniquilados. Protegido pelos anjos, seja absolvido este vosso servo, (*dizer o nome da pessoa*), com toda a sua casa e as pessoas e coisas que nela estão. Sejam todos livres de todos os malefícios e feitiços pelo nome de Deus, que nasceu em Jerusalém, por todos os anjos e santos e por todos os que servem diante do Paraíso ou na presença do alto Deus Pai Todo Poderoso, para que o maldito diabo não tenha o poder de impedir pessoa alguma. Qualquer pessoa que trouxer esta oração consigo, ou a quem ela for lida, ou onde estiver algum sinal do diabo, de dia ou de noite, por Deus, Jaques e Jacó, que o inimigo maldito seja expulso para fora. Invoco a reunião dos Santos Apóstolos, de Nosso Senhor Jesus Cristo e de São Paulo. Pelas orações das religiosas, pela empresa e formosura de Eva, pelo sacrifício de Abel, por Deus unido a Jesus, seu eterno Pai, pela castidade dos fiéis, pela bondade deles, pela fé em Abraão, pela obediência de Nossa Senhora quando ela gerou Deus, pela oração de Madalena, pela paciência de Moisés, sirva a Oração de São Cipriano para desfazer os encantamentos. Santos e anjos, valei-me; pelo sacrifício de São Jonas, pelas lágrimas de Jeremias, pela oração de Zacarias, pela profecia e por aqueles que não dormem de noite e estão sonhando com Deus e Nosso Senhor Jesus Cristo, pelo profeta Daniel, pelas palavras dos Santos Evangelistas, pela coroa que Deus deu a Moisés em línguas de fogo, pelos sermões que fizeram os Apóstolos, pelo nascimento de Nosso Senhor Jesus Cristo, pelo seu santo batismo, pela voz que foi ouvida do Pai

Eterno, dizendo: "Este é meu filho escolhido e meu amado: deve-me muito apreço porque toda gente o teme e porque fez abrandar o mar e dar frutos a terra", pelos milagres dos anjos que junto a ele estão, pelas virtudes dos Apóstolos, pela vinda do Espírito Santo que baixou sobre eles, pelas virtudes e nomes que nesta oração estão, pelo louvor de Deus que fez todas as coisas, pelo Pai †, pelo Filho †, pelo Espírito Santo †, (*dizer o nome da pessoa*), se te está feita alguma feitiçaria nos cabelos da cabeça, roupa do corpo ou da cama, ou no calçado, ou em algodão, seda, linho ou lã, ou em cabelos de cristãos, ou de mouros ou de ateus, ou em osso de criatura humana, de ave ou de outro animal, ou em madeira, ou em livros, ou em sepulturas de cristãos, ou em sepulturas de mouros, ou em fonte ou ponte, ou altar, ou rio, ou em casa, ou em paredes de cal, ou em campo, ou em lugares solitários, ou dentro das igrejas, ou repartimentos de rios, em casa feita de terra ou mármore, ou em figuras feitas de fazenda, ou em sapo ou salamandra, ou bicha ou bicho do mar, do rio ou do lameiro, ou em comidas ou bebidas, ou em terra do pé esquerdo ou direito, ou em outra qualquer coisa com que se possa fazer feitiços, todas essas coisas sejam desfeitas e desligadas de (*dizer o nome da pessoa*), servo do Senhor, tanto as que eu tenho feito, como as que têm feito essas bruxas servas do demônio; isso tudo volte a seu próprio ser que antes tinha, ou em sua própria figura, ou em que Deus a criou.

Santo Agostinho e todos os santos e santas, pelo santo nome de Deus, façam com que todas as criaturas sejam livres do mal do demônio. Amém.

Oração para livrar o enfermo do poder de Satanás

Deve ser rezada de joelhos e com devoção.
Senhor meu Jesus Cristo, dou-vos infinitas graças, pois pelo merecimento de vossa paixão santíssima, de vosso precioso sangue, e

por vossa bondade infinita vos dignastes a livrar-me do demônio, de seus feitiços e de seus malefícios; e assim vos peço e suplico agora, vos digneis a preservar-me e guardar-me para que o demônio daqui por diante não possa jamais molestar-me de modo algum, porque eu pretendo e quero viver e morrer debaixo da proteção do vosso santíssimo nome. Amém.

Como fechar o corpo do enfermo

Se depois de todas as orações o doente não ficar de todo livre, o religioso deve esperar três dias e então perguntar por sua melhora. Se vir que ainda está possesso do demônio (e para o saber, deve tornar-lhe a ler a oração em latim), isto significa que seu corpo é uma morada aberta às más influências, e deve logo tratar de fechá-la da forma que se segue.

Como dar poder a uma chave para fechar o corpo do enfermo

Tome uma chave de aço em miniatura e deite-lhe a benção da forma seguinte:
O senhor lance sobre ti a sua santíssima bênção e o seu santíssimo poder para que dê virtude eficaz, para que toda morada ou porta por onde entra Satanás por ti seja fechada e jamais o demônio ou seus aliados por ela possam entrar. Abençoada sejas em nome do Pai, do Filho e do Espírito Santo. Amém.
Enquanto recita a oração, borrife água-benta em cruz sobre a chave.

Reza para fechar o corpo do enfermo

Estas são as palavras que o religioso deve dizer quando estiver fechando o corpo, sendo que a chave deve estar com a ponta apoiada sobre o peito do enfermo, como se estivesse fechando uma porta.

Ó Deus Onipotente, que do seio do eterno Pai viestes ao mundo para salvação dos homens, dignai-vos, Senhor, a pôr preceitos ao demônio ou demônios, para que eles não tenham mais o poder e atrevimento de entrar nesta morada. Seja fechada a sua porta assim como Pedro fecha as portas do céu às almas que lá querem entrar sem que primeiro expiem as suas faltas.

O religioso finge que está fechando uma porta no peito do enfermo:
Dignai-vos, Senhor, a permitir que Pedro venha do céu à terra fechar a morada onde os malditos demônios querem entrar quando muito bem lhes parece.

Pois eu, (*dizer o próprio nome*), em vosso santíssimo nome, ponho preceito a esses espíritos do mal, para que desde hoje para o futuro não possam mais fazer morada no corpo de (*dizer o nome da pessoa*), que lhe será fechada esta porta perpetuamente, assim como lhe é fechada a do reino dos espíritos puros. Amém.

No fim da oração, escreva em um papel o nome de Satanás, e queime-o dizendo:
Vai-te, Satanás, desaparece assim como o fumo da chaminé.

Oração para afastar fantasmas e pedir a Deus pelos espíritos bons

Que são fantasmas? São visões que aparecem a certos indivíduos fracos de espírito e crentes de que vêm a este mundo as almas daqueles que já deixaram de existir. Pois os fantasmas só aparecem aos crentes nos seres espirituais e não aos incrédulos, porque nisso nada aproveitam ou, antes pelo contrário, recebem maldições.

Feliz da criatura que é perseguida pelos espíritos, porque é certo essa pessoa ser boa criatura, que os espíritos perseguem para que ela ore ao Senhor por eles, pois é digna de ser ouvida pelo Criador. É por esta razão que uns são mais perseguidos por fantasmas do que outros.

Ora, há muitos espíritos que não adotam o sistema de aparecer como fantasmas, mas aparecem nas casas de seus parentes, fazendo de noite barulho, arrastando cadeiras, mesas e tudo quanto há na casa; um dia matam um porco, outro dia uma vaca, e assim corre tudo para trás naquela casa, por falta de inteligência dos habitantes, porque, se recorressem logo às orações, estariam livres do espírito e cometeriam uma obra de caridade, e no último dia da sua vida lhe seriam abertas as portas do céu.

Ah! Que será daquele que, infeliz, vem a este mundo buscar alívio e encontra penas? Dobram-se-lhe os tormentos!

Ah! Que será de vós no dia em que fordes sentenciados? Se não tiverdes bons amigos que tenham pedido por vós ao Juiz supremo, sereis punidos com todo o rigor da justiça.

Pois cultivai bons amigos para que naquele dia tremendo eles roguem ao Criador por vós; fazei como faz o lavrador que, para colher muitos frutos, deita na terra bons elementos.

Notai bem, irmãos, estas palavras, que não são obra do bico da pena, mas sim inspiradas no fundo do coração! Quando vos aparecer uma visão, não a esconjureis, porque então ela vos amaldiçoará, vos atrasará em todos os vossos negócios, e tudo vos correrá torto; porém, quando sentirdes uma visão, recorrei à oração pelos bons espíritos, porque logo aliviareis aquele mendigo que busca esmolas junto às pessoas caritativas. Deveis rezar essa oração em qualquer lugar onde seja preciso, ou onde ande algum espírito ou fantasma.

Olhai, irmãos, o diabo poucas vezes aparece como fantasma, porque os demônios eram anjos e não têm corpos para se revestir; por isso vos recomendo que, quando virdes um fantasma em figura de animal, então é certo ser demônio, e deveis conjurá-lo e fazer o sinal da cruz. Mas se o fantasma for em figura humana, não é demônio, e sim uma alma que busca alívio às suas penas. Deveis logo fazer esta oração, porque não perdeis nada com isso, pois que aquela alma que vós livrastes estará convosco sempre que a chamardes.

Não vos fieis em mim; fazei a experiência e depois vereis.

Orai, orai por esses desgraçados espíritos e invocai-os em todos os vossos negócios e em tudo que vos aprouver, que sereis bem sucedidos.

Sai, alma cristã, deste mundo, em nome de Deus Pai Todo Poderoso, que te criou; em nome de Deus vivo, que por ti padeceu; em nome do Espírito Santo, que copiosamente se te comunicou. Aparta-te deste corpo ou lugar em que estás, porque Deus te recebe no seu reino; Jesus, ouve a minha oração e sê meu amparo, como sois amparo dos santos, anjos e arcanjos; dos tronos e dominações; dos querubins e serafins; dos profetas, dos santos apóstolos e dos evangelistas; dos santos mártires, confessores, monges, religiosos e eremitas; das santas virgens de Deus, o qual se digne a dar-te lugar de descanso, onde gozes da paz eterna na cidade santa da celestial Sião, onde o louves por todos os séculos. Amém.

Oremos

Deus misericordioso, Deus clemente, Deus que segundo a grandeza de vossa infinita misericórdia perdoai os pecados deste espírito que tem dor de os haver cometido, e lhe dais literal absolvição das culpas e ofensas passadas, ponde os olhos da vossa piedade neste vosso servo que anda neste mundo a penar; abri-lhe, Senhor, as portas do céu, ouvi-o propício e concedei-lhe o perdão de todos os seus pecados, pois de todo o coração vo-lo pede por meio de sua humilde confissão. Renovai e reparti, ó Pai piedosíssimo, as quebras e ruínas desta alma, e os pecados que fez e contraiu ou por sua fraqueza, ou pela astúcia e engano do demônio. Admiti-o e incorporai-o no corpo de vossa Igreja Triunfante como membro vivo dela, remido com o sangue precioso de vosso Filho; compadecei-vos, Senhor, dos seus gemidos; que as suas lágrimas e os seus soluços vos comovam, que as suas e nossas súplicas vos enterneçam. Amparai e socorrei a quem não tem posto sua esperança senão na vossa misericórdia, e admiti-o em vossa amizade e graça, pelo amor que tendes a Jesus Cristo, vosso amado Filho, que convosco vive e reina por todos os séculos dos séculos. Amém.

Ó alma, que andas a expiar as tuas faltas, te encomendo a Deus Todo Poderoso, irmão meu caríssimo, a quem peço que te ampare e favoreça como a criatura sua, para que, acabando de pagar com a morte a punição desta vida, chegues a ver o Senhor, soberano artífice, que do pó da terra te formou; quando tua alma sair do corpo, te saia a receber o exército luzido dos santos anjos para acompanhar-te, defender-te e festejar-te; o glorioso colégio dos santos apóstolos te favoreça, sendo juízes defensores da tua causa; as triunfadoras legiões dos invencíveis mártires te amparem, a nobilíssima companhia dos ilustres confessores te recolha no meio, e com a suave fragrância dos lírios e açucenas que trazem nas mãos, símbolo da fragrante suavidade de suas virtudes, te confortem; os coros das santas virgens, alegres e contentes, te recebam: toda aquela bem-aventurada companhia celestial de cortesãos com estreitos abraços de verdadeira amizade te dê entrada no seio glorioso dos patriarcas; a face do teu Redentor Jesus Cristo se te apresente piedosa e aprazível e ele te dê lugar entre os que para sempre assistem em sua presença. Nunca chegues a experimentar o horror das trevas eternas, nem os estalos de suas chamas, nem as penas que atormentam os condenados. Renda-se o maldito Satanás com todos os seus aliados, e ao passardes por diante dele, acompanhados de anjos, trema o miserável e retire-se temeroso às espessas trevas de sua escura morada.

Vai, alma, acabe-se o teu martírio, que já não pertences a este mundo corporal, mas sim ao celestial! Livra-te, se Deus é em teu favor, e desbarata todos os inimigos que te aborrecem; fujam da tua presença, desfaçam-se como o fumo no ar e como a cera no fogo, os rebeldes e malditos demônios; e senta-te à mesa de teu Deus. Confundam-se e retirem-se afrontados os exércitos infernais, e os ministros de Satanás não se atrevam a impedir o teu caminho para o céu. Livre-te Cristo do inferno, que por ti foi crucificado, livre-te desses tormentos em que andas neste mundo a atormentares e a seres atormentado.

Cristo, Filho de Deus vivo, que por ti deu a vida, ponha-te entre os prados e flores do Paraíso, que nunca secam nem murcham, e como verdadeiro pastor te reconheça como ovelha do rebanho. Ele te absolva de todos os teus pecados e te assente à sua mão direita entre os escolhidos e predestinados; faça-te Deus tão ditoso, que, assistindo sempre em sua presença, conheças com bem-aventurados olhos a verdade manifesta de sua divindade e em companhia dos cortesãos do céu gozes da doçura da sua eterna contemplação por todos os séculos. Amém.
Rezar o Credo ou o Ato de contrição.

Oração para a salvação do pecador

Esta oração deve ser dita completa e, sendo necessário, repetida três vezes.

Quais são as principais virtudes do céu que podem salvar o pecador? São:

Primeira, o Sol, mais claro que a Lua.

Segunda, as duas tábuas de Moisés, onde Nosso Senhor pôs os seus sagrados pés.

Terceira, as três pessoas da Santíssima Trindade e toda a família da cristandade.

Quarta, são os quatro Evangelistas: João, Marcos, Mateus e Lucas.

Quinta, são as cinco chagas de Nosso Senhor Jesus Cristo, que tanto sofreu para quebrar as tuas forças, Lúcifer!

Sexta, são os seis círios bentos que iluminaram a sepultura de Nosso Senhor Jesus Cristo, e me iluminaram para me livrar das astúcias de Lúcifer, o Deus dos Infernos.

Sétima, são os sete Sacramentos, porque sem eles ninguém tem salvação.

Oitava, são as oito bem-aventuranças que Nosso Senhor Jesus Cristo enumerou no Sermão da Montanha.

Nona, são os nove meses que a Virgem Maria trouxe no ventre o seu amado filho Jesus Cristo, e por esta virtude somos livres do teu poder, Satanás.

Décima, são os dez mandamentos das leis de Deus, porque quem neles crê não entra nas profundezas infernais.

Décima primeira, são as onze mil virgens que pedem incessantemente ao Senhor por todos nós.

Décima segunda, são os doze Apóstolos que acompanham sempre Nosso Senhor Jesus Cristo, até a hora da sua morte e depois na sua eterna redenção.

Décima terceira, são os treze raios do Sol que eternamente te esconjuram, Satanás.

Nesta ocasião Satanás submerge-se acompanhado de um trovão e um relâmpago enviados por Deus Nosso Senhor.

Oração para assistir aos doentes na hora da morte

Esta oração é tão eficaz, que nenhuma alma se perde quando ela é dita com devoção e fé em Jesus Cristo. Dizia São Cipriano que ela é de tanta virtude que, de todos os enfermos a quem a lia, tirava um cabelo da cabeça e o lançava dentro de um vidro com água, para com esta água lavar as chagas dos doentes, cujas moléstias eram incuráveis pela medicina, lançando-lhes uma gota e dizendo: "Eu, Cipriano, te curo em nome do Pai, do Filho e do Espírito Santo. Amém".

Jesus, meu Redentor, em vossas mãos, Senhor, encomendo a alma deste servo, para que vós, Salvador do mundo, a leveis para os céus na companhia dos anjos.

Jesus, Jesus, Jesus seja contigo para que te defenda; Jesus esteja na tua alma, para que te sustente; Jesus esteja diante de ti para que te guie; Jesus esteja na tua presença para que te guarde; Jesus, Jesus reina, Jesus domina, Jesus de todo o mal te defenda. Esta é Cruz do

Divino Redentor, fugi, fugi, ausentai-vos, inimigo das almas remidas com o sangue preciosíssimo de Jesus Cristo.

Jesus, Jesus, Jesus; Maria, Mãe de Graça, Mãe de Misericórdia, defendei-me do inimigo e amparai-me nesta hora. Não me desampareis, Senhora, rogai por este vosso servo, (*dizer o nome da pessoa*), a vosso amado Filho, para que com vossa intercessão saia livre do perigo de seus inimigos e das suas tentações.

Jesus, Jesus, Jesus, recebei a alma deste vosso servo, (*dizer o nome da pessoa*); olhai-o com olhos de compaixão, abri-lhe vossos braços, amparai-o, Senhor, com a vossa misericórdia, pois é feitura de vossas mãos, e a alma, imagem vossa.

Jesus, Jesus, Jesus! De vós, meu Deus, lhe há de vir até o remédio; não lhe negueis a vossa graça nesta hora, pois eu, (*dizer o próprio nome*), vos chamo, ó Deus poderoso, para que venhais sem demora receber esta alma nos vossos santíssimos braços; vinde em seu socorro, assim como viestes em socorro de Cipriano quando estava em batalha com Lúcifer.

Jesus, Jesus, Jesus! Creio, Senhor, firmemente em tudo, quando manda crer na Igreja Católica Apostólica Romana; fortalecei, pois, a alma deste vosso servo, (*dizer o nome da pessoa*). Vinde, Jesus, ó vida verdadeira de todas as almas. Livrai-o, Senhor, de seus inimigos, como médico soberano, curai todas as suas enfermidades; purificai-o, meu Jesus, com o vosso precioso sangue, pois prostrado a vossos pés clamo pela vossa misericórdia.

Jesus, Jesus, em vossas mãos, meu Deus, ofereço e ponho o meu espírito, que justo é que torne a vós o que de vós recebi; sede, pois, por nossa alma, justo e salvai-a das trevas.

Defendei-a, Senhor, de todos os combates, para que eternamente vá contar no céu as vossas infinitas misericórdias.

Misericórdia, dulcíssimo Jesus; misericórdia, amabilíssimo Jesus; misericórdia e perdão para todos os vossos filhos, pelos quais sofrestes na cruz. É, pois, justo que nos salvemos. Amém.

Oração da pedra cristalina para proteger-se contra inimigos

Minha pedra cristalina, que no mar foste encontrada e posta entre o cálice bento e a hóstia sagrada: treme a terra, mas não treme Nosso Senhor Jesus Cristo no altar. Assim tremam os corações dos meus inimigos, quando olharem para mim. Eu te benzo em cruz, e não tu a mim, entre o Sol, a Lua, as estrelas e as três pessoas distintas da Santíssima Trindade.

Meu Deus, na travessia avistei meus inimigos. Meu Deus, eles não me ofenderão, pois eis o que faço com eles: com o manto da Virgem sou coberto e com o sangue do meu Senhor Jesus Cristo sou valido. Têm vontade de me atirar mas não atirarão, e, se atirarem, água pelo cano da arma correrá. Se me amarrarem, os nós se desatarão. Se me acorrentarem, as correntes se quebrarão. Se me trancarem, as portas da prisão se abrirão para me deixar passar livre, sem ser visto, entre meus inimigos, como passou Nosso Senhor Jesus Cristo no dia da Ressurreição entre os guardas do sepulcro.

Salvo fui, salvo sou, salvo serei. Com a chave do sacrário me fecharei.

Rezar três Pais-nossos, três Ave-marias e três Glórias.

Reza contra mau-olhado

Esta oração deve ser repetida enquanto se benze o enfermo com um ramo de uma planta verde.

Com dois te botaram, com três eu te tiro. Com as palavras de Nosso Senhor Jesus Cristo, com a Virgem Maria. Olhos amaldiçoados, olhos excomungados, ide para as ondas do mar sagrado. Se botaram no teu comer, no teu beber, no teu olhar, no teu andar, no teu viver, nos teus cabelos, no teu passear, no teu trabalho, com a força divina, com a força celestial, o olhar mau hei de tirar com a força das sete ondas do mar.

Rezar três Pais-nossos, três Ave-marias e um Salve-rainha, oferecendo a Nosso Senhor Jesus Cristo. Finalizar dizendo:
Jesus na frente, Pai e Filho. Jesus me acompanhe com a Virgem Maria. Mais do que Deus, ninguém.

Oração da cabra preta para pedir a realização de qualquer desejo

Santa Justina disse que quem em campo verde andar e uma cabra preta achar deve seu leite tirar e com ele três pães preparar: um para as almas errantes, outro para as benditas e outro para as sofredoras que não lhes ficam atrás. Santa Justina, quero que as almas venham me falar, sem me ofender nem me assombrar, mas antes me dar o que desejo: (*fazer o pedido*). Se meu pedido for certo, três sinais quero escutar: cachorro latir, gato miar, galo cantar.

Valei-me as sete cabras pretas, as cinco mil almas, os três Reis Magos do Oriente, os três arcanjos, os três signos de Salomão, pois quero com as almas falar e meu pedido alcançar. E para isso o Credo vou rezar.

Rezar o Credo.

Quem em campo verde andar e uma cabra preta achar deve seu leite tirar e com ele três pães preparar. Eu fiz e tudo espero ver, tocar, ouvir e falar. Amém.

Oração das estrelas para conquistar a pessoa amada

Valei-me as estrelas que são nove. Juntem-se as nove estrelas e vão dar nove abalos no coração de (*dizer o nome da pessoa*). Se ele(a) estiver bebendo, não beberá. Se estiver comendo, não comerá. Se estiver conversando, não conversará. Se estiver dormindo, não dormirá enquanto não vier falar-me.

Valei-me as nove estrelas! Se as nove estrelas não me valerem, valei-me as sete camisas do Menino Jesus. Se as sete camisas não me valerem, valei-me a hóstia consagrada. (*Dizer o nome da pessoa*), tu não sabes o que os padres nas santas missas veem na hóstia consagrada, e assim sejas tu para mim. Deus acaba tudo quanto quer e eu acabarei com tudo quanto quiser, com todos os teus pensamentos para outras pessoas. Tu correrás atrás de mim e só olharás para mim.

Rezar um Pai-nosso, uma Ave-maria e uma Glória.

SEGUNDA PARTE
Tesouro da magia

MAGIAS DE AMOR

Filtro de amor para unir duas pessoas

Providenciai um cálice de água muito pura e sete sementes de coentro. Ponde as sementes num almofariz e socai-as bem com o pilão. Fazendo isso, concentrai vosso pensamento na pessoa ou nas pessoas cujo afeto desejais despertar, e chamai seus nomes três vezes. A seguir recitai o seguinte encantamento:
— Semente quente, coração quente, que eles nunca se separem.
Misturai as sementes socadas à água que está no cálice. Em seguida, deveis lançar vosso poder sobre a mistura, imaginando-o como uma chama que atinge o líquido.
Deixai o líquido descansar por 12 horas. Então coai-o em um pano fino e acrescentai-o secretamente à comida ou à bebida da pessoa ou das pessoas a que o encantamento se destina.

Filtro poderoso de amor e paixão para unir duas pessoas

Tomai um punhado de folhas de pervinca e verbena, além das pétalas de uma rosa de jardim (não de floricultura). Colocai tudo no almofariz e socai com o pilão até obter um pó muito fino. Enquanto fazeis isso, deveis repetir o seguinte encantamento:

— Por esta ação eu lanço (*dizer o nome da primeira pessoa*) e (*dizer o nome da segunda pessoa*) num abismo de amor e desejo.

Misturai duas pequenas pitadas do pó a um cálice de água muito pura. Em seguida, deveis lançar vosso poder sobre a mistura, imaginando-o como uma chama que atinge o líquido.

Deixai o líquido descansar por 12 horas. Então coai-o em um pano fino e acrescentai secretamente algumas gotas à comida ou à bebida da pessoa ou das pessoas a que o encantamento se destina.

Feitiço de amor da roseira para se fazer amar por uma pessoa

Plantai num vaso uma roseira, que deverá ficar em vossa casa. Numa sexta-feira, pela manhã, quando a Lua estiver crescente, segui a pessoa amada e, sem que ela perceba, recolhei um pouco de pó ou terra de sua pegada no chão.

Chegando em casa, colocai esse pó sobre a terra do vaso, rodeando o tronco da roseira, e recitai o seguinte encantamento:

— Muitas terras na Terra há, quem eu amo meu será. A roseira terá flores, e eu nunca terei dores.

Cultivai com cuidado essa roseira, pois quanto mais viçosa ela ficar, mais forte será o poder do encantamento.

Talismã para o amor

Neste encantamento Cipriano ensina a invocar os príncipes que governam os espíritos das esferas planetárias da Lua, de Mercúrio e da Terra, para criar um poderoso talismã de amor.

Numa noite em que a Lua esteja crescente, com o céu limpo e estrelado, tomai um pedaço de papel branco e desenhai nele um círculo representando a Terra. Dentro do círculo, escrevei os nomes das pessoas que desejais unir. Acima do círculo, desenhai um crescente lunar e uma estrela.

Levai esse papel a um lugar externo reservado, como um quintal ou terraço. Procurai a Lua no céu e observai a estrela mais brilhante junto dela. De frente para esses corpos celestes, colocai o papel no chão e cobri-o com vosso pé direito. Apoiai o joelho esquerdo no chão e recitai o seguinte encantamento:

— Bela Lua, bela estrela, eu saúdo vossa luz. Eu vos conjuro e vos chamo, pelo ar que eu respiro, pela terra que eu toco, pelos nomes dos espíritos que são príncipes e vivem em vós, e que são Gabriel, Rafael e Melquidael. Eu vos conjuro pelo grande nome de Deus, e vos mando agir sobre o corpo, a alma e os cinco sentidos de (*dizer o nome da pessoa cujo amor se quer despertar*), para que o pedido de (*dizer o nome de quem solicitou o feitiço*) seja satisfeito e ele(a) seja amado(a) como deseja.

Feito isso, deveis acender um incenso de rosas, expondo o papel à sua fumaça. No dia seguinte, entregai o papel à pessoa que solicitou o encantamento, recomendando que o leve sempre consigo até que seu pedido seja atendido e que depois o queime e espalhe as cinzas no ar, agradecendo aos espíritos o que fizeram por ela.

Nó do amor

Tudo que ireis precisar para este feitiço será alguns fios de cabelo da pessoa que quereis que vos ame e um carretel de linha vermelha.

Antes de mais nada, deveis invocar Pã, deus grego do amor e do desejo. Depois, deveis cortar três fios de linha, com um metro cada um, e prendê-los juntos com um nó em uma das pontas. Feito isso, deveis trançar os fios, misturando com eles os fios de cabelo da pessoa amada. Enquanto fazeis isso, mantende a imagem da pessoa em vossa mente e recitai o encantamento:

— Grande Pã, eu vos peço, não deixeis que (*dizer o nome da pessoa amada*) durma, tenha prazer ou conforto, até que venha para mim!

Terminando a trança, deveis prender os fios com um nó na extremidade solta.

Imediatamente amarrai a trança na parte alta de vossa coxa e usai-a aí durante 28 dias, tirando-a somente para tomar banho. Passado esse tempo, guardai-a num lugar secreto.

Pó para despertar o amor

Numa sexta-feira de Lua crescente, misturai no almofariz uma pequena porção de folhas de verbena, pétalas de rosa, serragem fina de sândalo e resina de benjoim. Socai esses materiais até formar um pó. Juntai algumas gotas de essência de almíscar e de outro perfume (de preferência um que agrade à pessoa que se deseja encantar).

Esse pó deverá ser aspergido discretamente pela pessoa que encomendou o feitiço sobre a pessoa cujo amor deseja despertar.

Ervas do amor

Numa sexta-feira de Lua crescente, misturai num pote as seguintes ervas secas:

    7 partes de alfazema
    6 partes de alecrim
    5 partes de pétalas de rosa
    2 partes de folhas de verbena
    1 pitada de tomilho
    1 pitada de hortelã
    1 pitada de sálvia
    1 pitada de manjericão

Podeis usar essas ervas de diversos modos. Por exemplo, podereis colocá-las dentro de um saquinho de pano para perfumar vosso banho antes do encontro com a pessoa amada. Podereis também deixá-las de infusão em água por algumas horas, espargindo depois a água perfumada no local do encontro. Podereis ainda pôr as ervas em um saquinho de pano que deverá ficar oculto onde possa perfumar o ambiente.

**Elixir maravilhoso
para uma moça se enamorar de um homem pelas visões,
sem o conhecer, e desejar casar-se com ele**

No tempo em que viveu na Pérsia, Cipriano foi um dia à casa do Xá (o rei) e pediu-lhe a filha Neckar para casar com um amigo seu, de nome Nabor, que pertencia a uma família rica de Antióquia. O Xá respondeu-lhe que Neckar não poderia casar com o seu amigo, pois ele já havia escolhido um parente para seu noivo.

Cipriano insistiu no seu intento, até que o Xá o achou inconveniente nas suas exigências e ordenou a alguns guardas que o pusessem fora do palácio; como Cipriano tentou reagir, o Xá mandou jogá-lo no fundo de um cárcere.

Cipriano, com seus bons ofícios, conseguiu captar a confiança de um criado de Neckar e lhe deu o primeiro elixir que tinha obtido, depois de cinco anos de estudos e experiências. Recomendou ao criado que pingasse cinco gotas do elixir dentro de um copo com água e o pusesse em algum lugar onde Neckar o cheirasse.

O criado conseguiu executar a incumbência sem que a princesa percebesse. Neckar cheirou o elixir e, poucos momentos depois, começou a sentir uma sensação deliciosa, aparecendo-lhe em visões um lindo moço e sentindo desejo de casar-se com ele.

O Xá, tendo sido chamado por sua filha, ficou ciente de tudo o que se passava, e, sem perder tempo, mandou chamar um pintor para que, com as explicações da princesa, traçasse o retrato da sua visão. Desta reprodução foram tiradas muitas cópias que foram entregues a emissários do reino para que percorressem o mundo e encontrassem o moço que se parecesse com o retrato, pois este devia ser o noivo de Neckar, filha do Grande Xá da Pérsia.

Os dias se passaram, sem que Neckar deixasse de estar cada vez mais excitada e ardendo de desejos pelo noivo, que não a largara nas suas visões. O Xá foi procurar, então, a Bruxa de Persépolis. Esta, depois de experimentar todos os meios para desencantos que conhecia, disse ao Xá:

— Vossa filha está enfeitiçada com um elixir poderoso, e eu estou impossibilitada de agir contra ele; porém, posso garantir que o feiticeiro está no vosso palácio.

Ouvindo estas palavras, veio à memória do Xá o homem que pedira sua filha em casamento para o amigo. O Grande Xá imediatamente mandou vir à sua presença Cipriano, que confessou ser o autor do feitiço; o Xá, muito irritado, queria mandar matá-lo, mas Cipriano lembrou-lhe:

— Se eu morrer, pior para ti, porque tua filha também morrerá!

Ouvindo essas palavras o pai, que amava muito sua Neckar, aterrorizou-se e disse:

— Pede ouro, pedras preciosas, palácios, que nada te negarei, mas restabelece a saúde de minha filha.

— Eu já fiz o meu pedido e não transijo.

Foi aí que aquele pai, embora homem de coração de ferro e inabalável, cedeu, pensando na sua Neckar, que tanto sofria.

Quando a comitiva do Grande Xá da Pérsia estava formada no grande salão azul do castelo para ir a Antióquia buscar o noivo, Neckar entrou no salão e abraçou e beijou o pai, dizendo:

— Da sacada da torre do castelo vi o meu noivo e o reconheci. Como ele é belo! E vem no meio da grande comitiva dourada! Ide, meus bons soldados, dizei-lhe que o espero para o abraçar e beijar.

E assim se fez. Neckar casou-se com Nabor e os dois viveram felizes. Cipriano foi posto em liberdade e levado em palanquim por toda a cidade, pois ele, com o seu elixir, conseguira unir dois entes que tinham nascido um para o outro.

Cipriano, depois de constatar que os seu trabalhos tinham sido muito profícuos, continuou com mais afinco as suas experiências, a ponto de hoje, depois de tantos séculos, ainda utilizarmos seus elixires para obtermos a realização de nossos mais secretos desejos!

A receita aqui descrita é do mesmo elixir que Cipriano empregou em Neckar, filha do Xá da Pérsia, com tanto sucesso. Quando se faz este elixir, deve-se ter sempre em mente o seu fim, pois, em caso contrário, ele não fará o efeito desejado.

Providenciai um saquinho de erva-gatária, duas pedras olho-de-tigre e um punhado de pelos de um gato preto.

Jogai os pelos sobre um braseiro aceso, dizendo:

— Oh, tu, gato protetor dos mágicos, deves obedecer ao meu mando.

Depois enterrai as pedras em um vaso de planta, e antes de cobri-las, dizei:

— Devem ser dois os namorados que tu protegerás.

Depois ponde a erva em uma panela com um litro de água apanhada à meia-noite em uma fonte cristalina. Deixai ferver até reduzir a uma pequena porção de líquido grosso. Tirai então do fogo, colocando em uma tigela para esfriar, e durante cinco noites seguidas, à meia-noite em ponto, levai a tigela ao luar, fazendo a seguinte prece:

— Lua, fazei que eu consiga o meu intento com este elixir que vos ofereço.

Pronto o elixir, é só fazer como está narrado na história, vertendo cinco gotas em uma porção de água que deve ser posta onde a pessoa a possa cheirar sem o perceber.

Mágica do pelo de gato preto para obter o amor de um homem ou de uma mulher

Como preparar o feitiço

Quando um gato preto estiver com uma gata da mesma cor, isto é, quando estiverem ligados pela cópula carnal, é preciso ter então uma tesoura pronta para cortar um bocado de pelo do gato e da gata.

Depois, deve-se misturar esses pelos e queimá-los junto com um punhado de alecrim. A seguir, deve-se pegar a cinza resultante e deitá-la dentro de um vidro com um pouco de espírito de sal amoníaco, e tapar bem o vidro para conservar este espírito sempre muito forte.

Depois de tudo isso pronto, segure o vidro com a sua mão direita e diga as seguintes palavras:

— Cinza, com a minha própria mão foste queimada, com uma tesoura de aço foste do gato e da gata cortada. Toda a pessoa que te cheirar comigo se há de encontrar. Isto pelo poder de Deus e de Maria Santíssima. Quando Deus deixar de ser Deus é que tudo isso me há de faltar; e para golão, traga matão, vai do pato chião a molitão.

Logo que tudo isso esteja cumprido, fica o vidro com uma força de feitiço, mágica e encanto.

Como usar o feitiço

Quando lhe ocorrer o desejo por uma criatura, basta desarrolhar o vidro e sob qualquer pretexto lhe dar a cheirar.

Vamos supor que um indivíduo deseje que sua namorada tome o cheiro desse vidro, mas não encontre maneira própria para o levar a efeito. Neste caso, começa a conversar sobre qualquer alusão à água-de-colônia. Feito isto, tira o vidro do bolso e diz com toda a seriedade:

— Quer ver que cheiro tão agradável?

Ora, como em geral as pessoas são bastante curiosas, cheiram imediatamente o conteúdo do vidro, e, então, o objetivo é alcançado. Dessa foma se pode cativar todas as pessoas que se desejar. Deve-se notar que este encanto tanta virtude encerra, fazendo-o o homem à mulher, como a mulher ao homem.

Mágica do cão preto para homem ou mulher se fazerem amar

Com um cão preto pode-se fazer uma feitiçaria das mais fortes, assim o assevera São Cipriano no capítulo 250 do seu *Grande livro*.

Modo de fazer:

Cortam-se de um cão preto: algumas pestanas, aparas de suas unhas e um bocado de pelo do rabo. Juntam-se estas três coisas e queimam-se com alecrim.

Depois de tudo isto reduzido a cinzas, recolha-as dentro de um vidro bem tampado com uma rolha de cortiça e deixe-as repousar pelo período de nove dias, no fim dos quais estará pronto o feitiço.

Modo de se aplicar

Vamos supor que uma criatura, homem ou mulher, deseje amar uma outra criatura e não consiga por qualquer motivo. Com esse feitiço, facilmente satisfará o seu intento.

É preciso obter um objeto de pano qualquer da pessoa a quem se deseja enfeitiçar: lenço, peça de roupa íntima, adereço de tecido. Deve-se misturar uma pequena porção das cinzas com tabaco bem forte e embrulhar no objeto referido. A seguir, deve-se enrolar o embrulho todo com um fio de linha verde, dizendo as seguintes palavras:

— (*Dizer o nome da pessoa*), eu te prendo e te amarro com as cadeias de São Pedro e de São Paulo para que tu não tenhas sossego nem descanso em parte alguma do mundo, debaixo da pena de obediência a preceitos superiores.

Depois destas palavras ditas nove vezes, está finalmente a pessoa enfeitiçada.

Porém se este feitiço não for bastante para se obter o que se deseja não se assuste com isso, nem perca a fé porque muitas coisas não se fazem por falta de uma vivíssima fé.

Mas é bom saber que em muitas criaturas os feitiços não pegam por causa de alguma oração que elas dizem todos os dias ao deitar e ao levantar da cama.

Feitiço do sapo para se fazer amar ou para casar rapidamente

Caso uma moça deseje casar com o seu namorado o mais breve possível, mas o dito namorado não tenha grande pressa de se casar, porque não quer se prender ou porque ainda não a quer para esposa, facilmente a namorada o obrigará a casar-se com ela, na maior brevidade possível. O mesmo vale para um homem que deseja cativar a namorada.

Primeiro, deve-se obter uma miniatura de um sapo, de qualquer material, e uma panela ou pote de barro, com tampa, em que a miniatura caiba.

Depois apanha-se o objeto do namorado ou namorada que deve ser atado em volta da barriga do sapo com duas fitas, uma vermelha e outra preta. Com outra fita preta, amarram-se as pernas traseiras da imagem. Depois, coloca-se a imagem dentro da panela cheia de terra misturada com um pouco de leite de vaca. Feito isso, dizem-se as seguintes palavras, com a boca junto da abertura da panela (falando para dentro da mesma):

— (*Dizer o nome da pessoa*), assim como eu tenho este sapo preso dentro desta panela, sem que possa ver Sol nem Lua, que tu não vejas mais pessoa alguma, nem casada, nem solteira, nem viúva. Só terás o pensamento em mim, e assim como este sapo tem as pernas presas, tu tenhas as tuas e não possas dar passadas senão para a minha porta; e assim como este sapo está preso dentro desta panela, tal qual viverás tu enquanto comigo não casares.

Logo depois de serem ditas as palavras acima, tampa-se a panela muito bem tampada, para que não entre a claridade do dia; depois, quando der certo, desamarra-se tudo e coloca-se a miniatura num vaso de planta, de maneira que não seja molestada. Do contrário o casamento será muito infeliz.

Feitiço do ouriço cacheiro

Quando um homem estiver zangado com uma mulher que estima e não quiser procurá-la, deve arranjar um punhado de espinhos de ouriço cacheiro, borrifá-los com sumo de erva-do-diabo e fechá-los em um saquinho de pano preto. Trazendo-o consigo, a mulher aparecer-lhe-á em toda a parte, e pedir-lhe-á com humildade que seja seu amigo, e é capaz de sacrificar-se e fazer tudo quanto se lhe pedir.

O enfeitiçador, para que isto lhe dê bom resultado, deve dizer todos os dias depois de levantar da cama a seguinte oração:

— Meu virtuoso São Cipriano, eu te imploro em nome da tua grande virtude que não desampare um mártir do amor louco, assim como tu estivestes pela encantadora Elvira.

Encanto de amor com milho

Numa noite de Lua nova, logo depois de bater a meia-noite, devem semear-se num canto do quintal (ou em um vaso grande) cinco grãos de milho branco, formando um quadrado: um em cada canto e outro no centro.

Depois de nascerem os pés de milho, serão regados todos os dias antes de nascer o Sol, dizendo-se ao mesmo tempo a seguinte oração:

— Eu, (*dizer o próprio nome*), batizado por um sacerdote de Cristo, que morreu cravado na cruz para nos remir do cativeiro em que os déspotas da terra nos tiveram encarcerados, juro sobre estes cinco troncos donde sai o pão ao sopro de Deus e acalentado pelos risos do Sol, que serei fiel a (*dizer o nome da pessoa*), para que ele(a) não deixe de me amar, nem tenha outros amores enquanto eu existir.

Quando as espigas estiverem maduras, debulham-se as dos quatro cantos e os grãos dão-se a um ou mais galos pretos que tenham esporões, evitando que os galhos lhes toquem, por ter sido ao canto desse animal que São Pedro negou a Cristo.

As espigas do pé de milho do centro do quadrado secam-se ao fumeiro, embrulham-se em qualquer bocado de pano que tenha suor da pessoa que se quer enfeitiçar, e guardam-se, dizendo:

— Por Deus e pela Virgem me arrependo de todos os pecados. Amém.

Mágica da avelã para aquecer as mulheres frias

Quando um homem sentir ainda paixão por uma mulher e ela começar a desgostar dele, o mesmo tem de fazer o seguinte: para começar, adquirir os materiais a seguir.

Um punhado de folhas de sete-sangrias
20 gramas de raiz de gengibre fresca
24 cabelos do próprio peito com raiz
30 gramas de farinha de amendoim
Uma avelã

Tudo deve ser moído e bem misturado até ser feita uma bola, que será deixada ao relento por três noites, evitando que caia nela chuva ou orvalho.

Ao fim deste prazo, deve-se abrir um buraco no colchão e nele enfiar a bola, dizendo:

— Pelas chagas de Cristo e pelo amor que voto a (*dizer o nome da pessoa*) te escondo, gengibre, ligado às sete-sangrias, com fios do peito, amendoim e fruto da aveleira; quero, pela virtude de Cipriano, que esta mulher se ligue a mim, pelo amor e pela carne.

Depois de fazer isto, raras vezes sucede que a mulher não principie a olhar o homem com mais fogo e amor.

Esta receita é igualmente boa para aumentar o entusiasmo às esposas que nos tratos amorosos recebem o marido com frieza.

Mágica das formigas para as mulheres se livrarem dos homens

Quando uma senhora estiver aborrecida de aturar um homem e quiser livrar-se dele sem escândalo e mesmo sem se expor à sua vingança, deve praticar o seguinte:

Em primeiro lugar faz-se desinteressada, mostrando desinteresse carnal quando ele a desafiar para atos sensuais.

Assim que fizer isto, deite 12 formigas e duas malaguetas dentro de uma cebola albarrã furada e ponha-a dentro de uma panela de barro bem calafetada sobre o lume para torrar. Depois, deixe a panela tampada.

Deita-se a mulher e logo que o indivíduo estiver dormindo, vai destape a boca da panela e, voltando à cama, passe o braço direito pelo peito do homem, dizendo estas palavras com o pensamento:

— Em nome do príncipe dos infernos, a quem faço testamento da alma, te esconjuro, com a cebola albarrã, malagueta e formiga, para que ponhas o vulto bem longe de mim, porque me aborreces tanto como a cruz aborrece o anjo das trevas.

MAGIAS DE PROTEÇÃO

Cruz de São Bartolomeu

Nos apontamentos de Cipriano encontramos um livro com o título de Vida e milagres de São Bartolomeu. *Nele é descrita a maneira de fazer a cruz deste santo, assim como a forma de usá-la.*

Como fazer a cruz

Corte três pedaços de pau de cedro, um mais comprido e dois mais curtos, para formarem os braços da cruz. Monte a cruz, amarrando os dois paus mais curtos no mais longo, um perto de uma das ponta destes e outro um pouco mais abaixo, fazendo assim uma cruz de dois braços; cubra depois os três pedaços de madeira com ramos de alecrim, arruda e aipo, e coloque, em cada uma das pontas de cada braço, e da parte mais comprida, uma bolota pequena de cipreste*; deixe em água-benta por três dias seguidos e retire da água à meia-noite, dizendo as seguintes palavras:

— Cruz de São Bartolomeu, a virtude da água em que estiveste, a das plantas e madeiras de que és formada, me livre das tentações do espírito do mal e traga sobre mim a graça de que gozam os bem-aventurados. Em nome do Pai, do Filho e do Espírito Santo. Amém.

Estas palavras devem ser ditas quase imperceptivelmente e deve-se repeti-las por quatro vezes.

Como usar a cruz

A cruz pode ser guardada dentro de um saquinho de seda preta, benzida, ou mesmo, andar junto ao corpo, suspensa ao pescoço por um cordão preto. A pessoa que a trouxer deve fazer o máximo possível para ocultá-la de toda gente, e quando desconfiar que alguém lhe lançou mau-olhado, deve, na ocasião em que se deitar, beijar três vezes a cruz e dizer a oração anteriormente mencionada.

Ao levantar-se deve, também, beijar três vezes a cruz e rezar em seguida um Pai-nosso e uma Ave-maria.

pode-se trocar por pinha de pinheiro ou casuarina de tamanho proporcional ao da cruz.

Ovo mágico

No dia exato da Lua cheia, comprai um ovo de galinha bem fresco. À meia-noite, acendei um incenso de proteção e limpeza. Segurai o incenso com a mão direita e o ovo com a esquerda, e assim percorrei todos os cômodos e compartimentos da casa, circundando cada um no sentido do relógio. Enquanto fazeis isso, deveis invocar os espíritos que moram nas ruas e guardam as portas e os caminhos, pedindo-lhes que protejam sua morada.

Feito isso, deveis colocar o ovo dentro de uma caixinha preta. A caixinha bem fechada deverá ser incorporada à estrutura da casa: se não for possível colocá-la nos próprios alicerces, ela deverá ser enterrada debaixo do piso ou, se isso não for possível, escondida dentro do telhado ou numa parede. Depois de pedir novamente aos espíritos que protejam vossa casa, trazendo harmonia e sorte para seus moradores, deveis fechar e selar o esconderijo para sempre.

Quadrado de Saturno

Deveis fazer esse talismã no primeiro sábado da Lua nova, às oito horas da manhã, três horas da tarde ou dez horas da noite.

Pegai um pedaço de papel e desenhai nele um quadrado. Com duas linhas verticais e duas horizontais, dividi o quadrado em nove quadradinhos, dispostos em três linhas de três quadrados cada uma.

Dentro desses quadrados devereis escrever os seguintes números, linha a linha:

Nos quadrados da primeira linha: 4 - 9 - 2 (sendo o 4 no primeiro, o 9 no segundo e o 2 no terceiro)

Nos quadrados da segunda linha: 3 - 5 - 7

Nos quadrados da terceira linha: 8 - 1 - 6

Enquanto fazeis isso, deveis pedir aos espíritos da terra e das ruas segurança, proteção e prosperidade para vossa casa.

Terminado o desenho do quadrado, deveis virar o papel e, no seu verso, desenhar um esboço da planta da vossa casa, mostrando como estão dispostos os cômodos nela. Feito isso, desenhai três círculos concêntricos em volta dessa planta, começando pelo mais externo.

Deveis agora dobrar o papel como um pacotinho e amarrá-lo com uma fita vermelha em que dareis três nós. Guardai o talismã num lugar secreto, dentro da estrutura da casa, como foi explicado para o ovo mágico.

Amuleto imantado

Deveis saber que a pedra ímã é um grande amuleto protetor. Quem o quiser usar deve consagrá-lo aos espíritos da terra e das ruas, e depois guardá-lo em um saquinho de couro ou pano vermelho, que deve ser levado dentro do bolso ou pendurado ao pescoço.

Sempre que chegar a Lua cheia, devereis limpar e cevar (nutrir) vossa pedra, para que ela conserve seu poder. Como isto é feito? Ireis tirar a pedra do saquinho e mergulhá-la em um copo com água muito pura. Depois de enxugá-la, jogareis sobre ela uma pitada de pedra de cevar (limalha de ferro), que ficará aderida ao ímã. Este será então colocado novamente no saquinho.

Amuleto da raiz da mandrágora

Deveis saber que diversas plantas são chamadas de mandrágoras, como a trombeteira e a briônia. Da raiz dessas plantas é feito um amuleto poderoso.

A mandrágora deverá ser colhida num dia de Lua nova, durante o inverno. Essa colheita deve ser feita com cuidado: devereis pedir licença aos espíritos da terra e das matas, e somente depois podereis escavar a terra, levantando a raiz com cuidado, de modo a não feri-la; não vos deixeis dominar pelo pânico se ouvirdes o tradicional gemido que a mandrágora pode soltar nesse momento.

Desbastai as folhas da haste principal e cortai a maior parte da raiz, deixando um pequeno pedaço preso ao caule, que se constituirá em uma muda da planta; replantai imediatamente essa muda no local onde colhestes a mandrágora, levando convosco somente a raiz que cortastes.

Aproveitando o formato natural da raiz, devereis esculpir nela um vulto que lembre um boneco do sexo oposto ao vosso. Enquanto fizerdes isso, devereis pedir ao boneco que guarde vossa casa em nome dos espíritos da terra e das ruas.

Em seguida, devereis enterrar a raiz num vaso. Durante os 28 dias seguintes, devereis regar a raiz com água pura ou misturada com um pouco de leite. Terminado o mês lunar, desenterrai a raiz. Limpai-a da terra e secai-a no forno junto com folhas de verbena. Feito isso, ponde o boneco no cômodo da casa em que ficais por mais tempo, ou levai-o convosco, o mais próximo possível do vosso coração.

Guardião de guiné

Para confeccionar vosso guardião pessoal, devereis ter plantado um pé de guiné. Para começar, na primeira noite de Lua cheia, traçai um círculo na terra, em torno da planta, declarando vossa intenção de fazer o guardião, em nome dos espíritos da terra.

Durante 28 dias, regareis a planta com água pura ou misturada com um pouco de leite. Enquanto isso, ireis escolhendo um ramo de grossura razoável para que nele possais esculpir um bonequinho.

No dia do início da Lua cheia, cortareis o galho escolhido e nele esculpireis um boneco do sexo oposto ao vosso. Terminada a tarefa, devereis passar o boneco na fumaça de folhas de verbena. Para completar a operação, devereis dormir nessa noite com o boneco em vosso leito, como se fôsseis casados.

O bonequinho deverá ser levado junto do coração para que possa exercer sua atividade protetora.

Formas de proteção contra feitiços

Quando tiverdes certeza de que estais sendo vítima de ataques de feitiçaria, podereis colocar em vossa casa diversos elementos de proteção.

Um deles consiste em desenhar, na soleira da porta de entrada, uma estrela de cinco pontas, com uma das pontas voltada para fora. Se vos convier, o desenho poderá ser coberto por um tapete.

Também podeis envolver uma faca velha com um ramo de arruda e pendurá-la atrás da porta de entrada; se vossa casa tiver duas portas, na frente e nos fundos, podereis colocar um amuleto semelhante em cada uma delas.

Três pregos de ferro pregados no batente da porta, formando um triângulo com a ponta voltada para cima, também formam uma boa proteção.

Ou ainda podeis esconder ou enterrar junto à porta um jarro cheio de pregos e alfinetes.

Uma cebola ou uma tigela com vinagre junto à porta de entrada podem destruir o poder de um bruxo que se projete para vós.

Cruz de guiné

Cortai dois pequenos ramos de guiné e amarrai-os formando uma cruz, usando linha ou fita vermelha. Enquanto isso, devereis recitar o encantamento:

— Por essa cruz de guiné, proíbo que inimigos entrem em minha casa (*ou na casa de... — o nome da pessoa a ser protegida*), seja em carne ou sangue, em corpo ou espírito. Proíbo que entrem em minha mente até que tenham percorrido todas as florestas e montanhas, atravessado todos os rios e mares, contado todos os grãos de areia das praias e todas as estrelas do céu!

Prendei então a cruz em uma fita ou corrente, de modo que ela possa ser pendurada ao pescoço.

Saquinho protetor

Misturai os seguintes materiais:
- 6 partes de sândalo em pó
- 4 partes de alfazema seca e triturada
- 1 parte de pó de cravo-da-índia
- 1/2 parte de pimenta em pó
- 1 gota de essência de almíscar

Colocai tudo dentro de um saquinho de pano branco, fechai com uma fita vermelha e colocai-o num lugar discreto em vossa casa.

Importante mágica das favas para se tornar invisível

Deveis tomar um punhado de pelos de um gato preto e enterrá-lo no quintal (ou em um vaso grande) junto com sete grãos de fava.

Regai todas as noites ao dar a meia-noite, com muito pouca água, até que as favas, que devem ter rebentado, estejam maduras. Quando estiverem realmente, cortai-as pelos pés.

Depois de cortadas deveis levá-las para casa e colocá-las uma a uma na boca.

Quando, porém, parecer-lhe que vai se tornar invisível, é porque a fava que está na boca é a que tem a força da mágica. Assim, uma vez escolhida a fava, quando quiserdes entrar em qualquer parte sem que ninguém vos veja, basta pôr a dita fava na boca.

Isto se dá por uma virtude oculta sem ser necessário fazer pacto com o demônio, como fazem as bruxas.

Quem fizer uso desta mágica deve notar que ao regar as favas hão de aparecer muitos fantasmas com o fim de lhe dar sustos para que não consiga o seu propósito.

A razão é muito simples: o demônio tem inveja de quem vai usar esta mágica, sem que antes se entregue a ele de corpo e alma como fazem as bruxas.

É bom não se assustar pois nada lhe fará mal algum, basta que antes de tudo se faça o sinal da cruz.

MAGIAS PARA INFLUENCIAR PESSOAS

Magia das velas para enfrentar um inimigo

Para essa magia ireis usar uma vela negra (se desejardes anular os esforços do inimigo) ou vermelha (se quiserdes contra-atacar) e tereis posto num vaso um ramo de arruda bem fresco, que espalhe seu aroma onde estiverdes. Segurai a vela nas mãos e untai-a com óleo, indo sempre do centro para as pontas da dita vela. Fazendo isso, devereis concentrar a mente na intenção do encantamento e invocareis os espíritos da terra e das ruas, pedindo sua ajuda. Feito isso, acendereis a vela e deixareis que queime até o final. Não devereis dormir enquanto isso, mas tereis o pensamento fixado no vosso intento.

Nó do feiticeiro

Este encantamento serve para prender e impedir que alguém realize uma ação indesejada. Inicialmente, precisareis obter um fio de cabelo da pessoa (que trançareis com uma corda e uma fita vermelha) ou uma peça de roupa em que possais dar nós com facilidade. Numa noite de Lua nova, pegareis a trança ou a roupa e dareis nela nove nós da seguinte forma: primeiro dobrareis a peça no meio e unireis as suas pontas com um nó; depois ireis dando os outros nós mais para dentro, na direção do meio da peça. Enquanto fazeis isso, direis o seguinte encantamento:

— (*Dizer o nome da pessoa*), eu te conjuro! Pela noite, teus olhos não veem; pelo barro, teus ouvidos não ouvem; pela terra, tua boca não fala; pela pedra, tuas pernas não andam.

Enterrareis a peça em algum lugar, dizendo:

— Torcido e amarrado (*dizer o nome da pessoa*), nunca levantes de novo. Teus olhos estão fechados, tuas pernas estão paradas. Então eu te ponho para descansar quieto e silencioso na terra.

Para desfazer o encantamento, devereis desenterrar a peça e desmanchar os nós, recitando:

— Pelo vento, tuas pernas podem andar; pelo ar, tua boca pode falar; pela palavra, teus ouvidos podem escutar; pela luz, teus olhos podem ver.

Operação de castigo

Suponde que, de acordo com um critério justo e sério, sabeis que uma pessoa precisa receber uma punição por um ato que a justiça comum não conseguirá alcançar. Fazei então este encantamento.

No amanhecer de um sábado ou de uma terça-feira, durante a Lua minguante, devereis colher um ramo de uma árvore qualquer. Na noite do mesmo dia, acendereis uma vela sobre uma mesa colocada no centro do aposento onde estiverdes. Segurando o galho, concentrai a atenção na pessoa a ser castigada. Dareis então três voltas completas em torno da mesa, na direção contrária à do relógio, invocando os espíritos da terra e das ruas. Durante todo o percurso, devereis chicotear a mesa com o galho. No final, jogareis o galho ao chão com força. Dependendo inteiramente do poder de quem realiza o feitiço, a pessoa castigada irá sentir os açoites em seu corpo.

Filtro de afastamento

Devereis realizar este feitiço quando a Lua estiver minguante. Tomareis uma pitada de raspas de casca de laranja, uma pitada de sal, alguns grãos de pimenta e sementes de cominho. Misturareis tudo com uma xícara de água fervente. Adicionareis esse filtro a uma bebida ou comida que será servida às pessoas que se deseja afastar.

Mágica do frasco encantador

Providenciai um frasco de tamanho pequeno, que possa ser levado no bolso, e porções pequenas dos seguintes materiais:
  Espírito de sal amoníaco
  Pedra-de-raio
  Alecrim
  Funcho.
  Mármore
  Sementes de feto (samambaia)
  Sementes de malva
  Sementes de mostarda
  Sangue do próprio dedo mindinho
  Sangue do dedo grande do próprio pé esquerdo
  Uma raiz de cabelo da própria cabeça
  Raspa de um osso de defunto (se for da caveira será melhor)

Colocai dentro do frasco uma porção bem pequena de cada ingrediente, de modo que ele não fique totalmente cheio, mas só pela metade.

Depois que o frasco estiver pronto, direis as seguintes palavras:

— Frasco sagrado, que pelas minhas próprias mãos foste preparado, como em ti foi derramado o meu sangue e presa a raiz do meu cabelo, toda pessoa que por ti for tocada, há de ficar encantada e presa a mim.

Depois de tudo pronto, exatamente como foi explicado, guardareis o frasco muito bem guardado enquanto não precisar dele. Com ele podereis dominar qualquer pessoa, dando-lhe o frasco para cheirar. Mas usai-o com muito cuidado e somente para o bem. O frasco tem poderes para fazer o bem e o mal; tudo depende do pensamento da pessoa que o dá a cheirar: se para bem, sucede o bem; se para o mal, sucede o mal.

Agulha mágica para enfeitiçar alguém

É muito simples esta mágica. Enfiai na agulha uma linha de fibra natural. Depois passai a agulha três vezes pela pele de um defunto, dizendo as seguintes palavras:

— (*Dizer o nome do defunto*), esta agulha no teu corpo vou passar, para que fique com força de encantar.

Depois de feita a dita operação, guardareis a agulha e podereis operar com ela diversas feitiçarias.

Quando desejardes que alguém se apaixone por vós, pegareis um objeto dessa pessoa e nele dareis três pontos em forma de cruz, dizendo as palavras seguintes:

No primeiro ponto:

— (*Dizer o nome do defunto*), quando tu falares é que (*dizer o nome da pessoa amada*) me há de deixar.

No segundo ponto:

— (*Dizer o nome do defunto*), quando Deus deixar de ser Deus, é que (*dizer o nome da pessoa amada*) me há de deixar.

No terceiro ponto:

— (*Dizer o nome do defunto*), enquanto estes pontos aqui estiverem dados, e o teu corpo na sepultura repousar, (*dizer o nome da pessoa amada*) não terá sossego nem descanso enquanto não estiver na minha companhia.

Mágica da raiz de salgueiro para uma pessoa ficar enfeitiçada

A raiz de salgueiro tem uma enorme virtude que poucos feiticeiros conhecem.

Cortada uma raiz de salgueiro e posta de noite em um sítio muito escuro, começa-se a ver uns vapores como de enxofre a evolarem-se no ar, que se parecem com labaredas. A pessoa que quer enfrentar outra esparge-lhe um pouco de água-benta em cima, dizendo:

— Pelo fogo que aquece o sangue e pelo frio que o gela, quero que, enquanto os fogos fátuos desta raiz não se apagarem, (*dizer o nome da pessoa*) não tenha nem um momento de vitória em seus maus intentos.

Se a mágica for para concórdia e harmonia, deve-se dizer o contrário, acrescentando com a mão no coração:

— Que o coração de (*dizer o nome da pessoa amada*) deite fagulhas de entusiasmo por mim, como as que estão saindo agora desta abençoada raiz.

Nota: Esta raiz dura geralmente seis meses com estas evaporações, isto é, enquanto verde. Por isso, bom será estar-se prevenido com outra, que recebe a virtude da seca logo que aquela acaba de queimar.

MAGIAS DE SORTE, SUCESSO E PROSPERIDADE

Mágica da serpente para ter sucesso no que se empreende

Tome uma peça de pele de cobra. Numa sexta-feira, logo depois da Lua cheia do mês de setembro, corte a pele em pedaços e deite esses pedaços de molho por 21 dias em óleo de sabugueiro, retirando-os depois deste prazo, às primeiras badaladas da meia-noite, e expondo-os depois por três noites seguidas aos raios da Lua. Calciná-los em seguida num pote de barro que não tenha ainda servido, misturando-lhe depois igual quantidade de terra de cemitério, mas justamente do lugar em que esteja enterrada alguma pessoa da família daquela a quem se destina a receita. Guardar no próprio pote, bem tampado, em um lugar secreto e seguro.

A pessoa que possuir esse feitiço pode ter toda a certeza de que o espírito do defunto velará pela sua pessoa e por todas as coisas que empreender, por causa da vigilante serpente, para não perder de vista os seus próprios interesses.

Talismã prodigioso para ganhar no jogo

Mande fazer uma figa de azeviche, recomendando essencialmente que a façam com uma faca nova e de aço fino.

Leve logo em seguida a figa ao mar, suspensa por uma fita de Santa Luzia, e passe com ela três vezes, sete vezes ou vinte e uma vezes pelas espumas das ondas.

Enquanto assim se está procedendo, reze três vezes o Credo, muito baixinho, quase imperceptivelmente, e ofereça uma vela a Santa Luzia.

O jogador deverá trazer a figa sempre ao pescoço quando jogar, tendo, porém, o cuidado de não se deixar cegar pela ambição, nem se arrastar pela cobiça, para tirar desta receita um resultado satisfatório.

Mágica do azevinho cortado na noite de São João

À meia-noite em ponto deveis cortar o azevinho com faca de aço. Depois que o tiverdes cortado, deveis abençoá-lo em nome do Pai, do Filho e do Espírito Santo; depois de tudo isto, ireis levá-lo ao mar e passá-lo em sete ondas. Enquanto estiverdes fazendo esta operação, deveis rezar o Credo sete vezes, fazendo sempre cruzes com a mão direita sobre as ondas e o azevinho.

Virtudes de que é dotado o azevinho

1 – Quem trouxer na sua companhia o azevinho tem fortuna em todos os negócios que fizer e em tudo que diz respeito à felicidade humana.

2 – Quem trouxer consigo o azevinho e tocar com ele uma outra pessoa com a fé viva de que o há de seguir imediatamente, a dita pessoa o seguirá por toda a parte que desejar.

3 – O azevinho tem virtude para tudo que o seu possuidor desejar. Qualquer um que possuir o azevinho e o tiver pendurado na loja, se for pessoa estabelecida, deve todos os dias de manhã, quando chegar à loja, dizer: "Deus te salve, azevinho, criado por Deus". Desta forma, a loja será muito afortunada.

Garrafa mágica

Segredo para magnetizar uma garrafa d'água, ou segredo de Rachel, salvadora de Salomão

Apanhe uma garrafa quase cheia de água do mar e coloque-a sobre uma mesa de pinho; assente uma pessoa em uma cadeira, de forma que não esbarre na mesa.

Feito isto, ponha as pontas dos dedos no gargalo da garrafa e os dedos da outra mão quase ao fundo da mesma, fitando a vista na garrafa. Assim deverá ficar pelo período de três horas.

Logo que a água começar a fazer espuma e a garrafa a mover-se, estará pronta a mágica branca, ou *magnetismo*.

Efeitos da garrafa mágica

Depois que a água ficar completamente magnetizada, basta beber um ou dois goles para ficar completamente magnetizado. Durante o sono obtem-se tudo o que se deseja; mas há de ter o cuidado, antes de beber a água, de dizer o que se deseja naquele momento ou depois.

Logo que acordar, encontra-se-ão completamente satisfeitos os favores almejados.

MAGIAS DE SAÚDE

Encantamento para cortar uma doença

Sabemos que, segundo os antigos, os espíritos que frequentam as encruzilhadas são os mensageiros das enfermidades. Quando quiserdes vos livrar ou a outrem de uma doença, podereis entregá-la em uma encruzilhada, para que ela retorne ao mundo inferior.

Precisareis antes de mais nada escolher uma encruzilhada de terra, onde possais enterrar o feitiço. Se não puderdes fazer isso numa rua ou estrada, podereis usar um cruzamento entre canteiros ou calçadas de um quintal. Para começar, cortareis vossas unhas (ou as do enfermo), recolhendo as aparas em um recipiente. Misturareis essas aparas com um pouco de argila ou um pedaço de vela (amolecido em água quente), formando uma bola pequena. Enquanto fazeis isso, pensai na doença sendo levada pelas aparas de unhas e ficando presa na bola.

Levai a bola até a encruzilhada escolhida. Lá chegando, devereis abrir uma passagem para o mundo inferior, escavando uma cova no centro da encruzilhada. Poreis a bola no fundo da cova e a cobrireis bem com a terra bem apertada, para que a doença não possa retornar.

Cinzas purificadoras

As cinzas são poderosas em magias de purificação. Para prevenir e curar enfermidades, podeis fazer um encantamento com elas.

Deveis adquirir uma porção de galhos de eucalipto, com todas as suas folhas. Chegando em casa, devereis quebrar os galhos em pedaços pequenos, que ireis colocar dentro de um recipiente de metal ou cerâmica onde deixareis que o eucalipto queime até virar cinzas. Guardareis então essas cinzas em um pote bem fechado.

No início da primavera, ou quando necessitardes, tomai um banho e vesti uma roupa velha, embora limpa. Colocai-vos sobre um pano aberto no chão. Pegai as cinzas aos punhados e passai-as no corpo, da cabeça até os pés, como se estivésseis esfregando-vos com um sabão. Deixai que as cinzas caiam sobre o pano. Terminado o encantamento, devereis enrolar o pano com cuidado, para que as cinzas fiquem todas dentro dele. Tomai então outro banho e ponde roupas limpas, embrulhando as roupas do ritual junto com o pano.

Em seguida levai o embrulho até um lugar distante onde sacudireis o pano e as roupas, para que o vento leve, junto com as cinzas, os males que poderiam afetar-vos. Chegando em casa, tudo deverá ser bem lavado em água corrente antes de ser guardado.

Magia dos fios contra doenças

Cipriano aprendeu este encantamento poderoso quando estudou na Grécia os segredos de Esculápio, o deus da Medicina. Ele tem tanto poder, que até hoje é usado, embora alterado em sua forma, por quem quer obter a proteção dos santos.

Deve-se consagrar uma árvore (se não for possível, pelo menos um arbusto) para receber os pedidos, semelhante à árvore sagrada que existia no templo de Esculápio. Note-se que essa árvore não deve estar dentro de casa, mas num lugar aberto, de preferência bem longe da região de moradia.

Quando for cuidar de um enfermo que busque alívio para seus males, deve-se primeiro perguntar qual é a parte do corpo afetada: a cabeça, o peito, um braço, e assim por diante. Conforme a resposta do doente, deve-se pegar um fio de linho ou algodão cru e, com ele, tomar a medida da parte enferma. Se for a cabeça, deve-se medir o contorno da mesma; se for um braço ou uma perna, deve-se medir o membro em seu comprimento. E assim com as outras partes. O curador deverá usar seu discernimento para escolher a melhor forma de medi-las.

O fio deve ser cortado na medida tomada. Esse pedaço de fio, que representa a parte doente, deverá ser pendurado na árvore sagrada, enquanto se pede ao deus da Medicina que tome a si a enfermidade e livre dela o paciente. O fio deve ser deixado lá, entregue às forças divinas. Quando for o momento da cura, ele será levado pelo vento sem que seja preciso tomar qualquer providência.

Elixir da saúde

Tomai um frasco com água puríssima e misturai a ela um punhado de folhas de malva, algumas sementes de erva-doce e um raminho de hortelã, tudo muito bem limpo e picado com as mãos, para que as ervas não percam seu poder. Tampai o frasco e deixai a infusão descansar durante algumas horas. Coai e guardai em lugar fresco. Sendo tomado ao longo do dia, uma xícara por vez, esse elixir maravilhoso acalma o corpo, sossega a mente e renova as forças.

TERCEIRA PARTE
Segredos da adivinhação

SEGREDOS DO MAGNETISMO — A ARTE DE HIPNOTIZAR E DE USAR A HIPNOSE PARA DIVERSOS FINS

Magnetismo e hipnose

Durante seus estudos na Grécia, Cipriano aprendeu os segredos do magnetismo. Já na Antiguidade os sábios conheciam as forças que atraem e afastam pessoas e coisas. O ímã, chamado de *pedra do amor*, era usado em feitiços de amarração.

Os sábios das grandes religiões antigas sabiam escolher lugares de poder onde eram construídos os templos que funcionavam como um grande ímã e centro de atração, para o qual se voltavam os fiéis. Assim ocorreu com as pirâmides do Egito, com o grande templo islâmico de Meca, com o Monte Moriá em Jerusalém e muitos outros lugares.

Os magos estudaram a influência dos planetas e das estrelas sobre o corpo, a mente e o destino dos humanos, bem como sobre os fenômenos de natureza terrestre. E viram que as forças dos planetas eram uma forma de magnetismo.

Os sábios descobriram também o magnetismo que os seres vivos exercem sobre outros. Perceberam que o amor e a procriação dependem da atração entre o macho e a fêmea da espécie, e entenderam que o magnetismo, em suas diversas manifestações, é a mais poderosa força do universo, somente comparada ao ódio, o outro lado do magnetismo, que causa a destruição. Deram a essas forças os nomes e as personalidades de seus deuses: Vênus, a deusa do amor e da atração; Marte, o deus da aversão e da violência.

Simpatia e antipatia, amor e ódio, prazer e dor: duas faces da mesma força, que nos seres vivos se espalha pelo sistema nervoso como um fluido sutil chamado de magnetismo animal, semelhante àquele pelo qual se explica a ação energética do ímã.

Esse fluido nervoso — eletricidade animalizada — é o elemento que domina todos os fenômenos da vida e que é, até certo ponto, o primeiro incitador das forças orgânicas. No fluido nervoso reside a sensibilidade que é distribuída pelos tecidos orgânicos, de maneira a torná-los aptos a receberem e sentirem as impressões exteriores e transformá-las em sensações nas células nervosas e de contratilidade, que, por sua vez, se dispõem a manifestar a impressão recebida pelos movimentos caracterizados nas contrações, nas distensões e no encolhimento.

Esse fluido vem com o germe da vida e tende sempre ao bem do homem. Se este se perverte, é por ser mal dirigido, pois ninguém vem a este mundo para ser desgraçado, já que tudo na natureza é perfeito, harmonioso e belo, tendo por fim o progresso e a perfeição, cuja liga é o fluido do amor quando prende e harmoniza a lei comum fluídica e universal.

Efeitos do magnetismo

A maior manifestação do magnetismo que podemos constatar no dia-a-dia é a força de vontade. A vontade é o grande motor de todas as nossas ações. Querer é poder — eis uma grande verdade. Aquele que quiser, que souber querer firmemente, inabalavelmente resolvido a querer, tudo conseguirá, devido somente ao seu extraordinário esforço de vontade.

Existem pessoas que, com seu magnetismo, ou seu fluido nervoso, tornam-se verdadeiros centros de poder. O fluido nervoso sofre uma modificação, produzindo a emanação a que se pode chamar de fluido moral imaterial, que inspira os sentimentos de prazer, de dor moral, de ódio, o qual, atuando sobre o organismo humano, decompõe o corpo. O fluido moral é uma chama que se dilata e passa como a do fogo ordinário, que leva os seus átomos ao espaço e tem tanta força, que, na própria atmosfera onde está, se irradiam os seus eflúvios, como aconteceu com a mulher doente que ficou inteiramente curada só tocando a túnica de Nosso Senhor Jesus Cristo.

Mas às vezes somos vítimas do magnetismo de outrem. Há pessoas que dispõem de grande poder ou força magnética. Geralmente essa força reside nos olhos, e daí vem o mau-olhado. Quem nunca encontrou certa pessoa que, ao ser-nos apresentada, grandemente nos impressiona pela força do seu olhar e nos faz sentir esquisitas sensações desde logo? Muitas vezes, em uma reunião, os olhos são levados, atraídos irresistivelmente por outro olhar, sem explicação; sente-se-lhe preso e não consegue livrar-se dele. É a força do olhar. Pois bem, há o olhar que além de fixar e penetrar, consegue secar, paralisar e até matar.

Fenômenos da hipnose

São diferentes os fenômenos do hipnotismo, pois são conforme a pessoa. Cada um reage de um modo particular durante as práticas hipnóticas. Em geral, a hipnose se dá em três formas: letargia, catalepsia e sonambulismo.

A letargia é obtida pelo processo dos passes magnéticos e em geral das excitações sensoriais fracas e monótonas. Os olhos cerram-se rapidamente, a respiração torna-se levemente ruidosa e os membros caem flácidos e inertes. A analgesia, isto é, a insensibilidade para a dor, parece completa; a atividade sensorial fica consideravelmente enfraquecida e sem ação, quase aniquilada. A sensibilidade muscular fica, ao contrário, muito exaltada. A mais leve e insignificante excitação, operada através da pele sobre os nervos ou sobre os músculos, determina a contração energética e demorada destes órgãos. Os antigos magos sabiam, perfeitamente, que a face exprime nitidamente as paixões alegres ou tristes que agitam a nossa alma. A um letárgico podem-se seguir, se tocados determinados músculos, as seguintes expressões singulares e naturais: a reflexão, a dor, a alegria, o riso etc. Exercendo-se uma pressão suave ou uma leve fricção sobre a cabeça de um letárgico, desaparecem, fácil e instantaneamente, os sintomas da letargia.

A catalepsia é produzida por uma excitação visual ou auditiva forte e instantânea; mas pode, também, determinar-se levantando as pálpebras de um letárgico, permitindo, assim, que a luz impressione seu cérebro. Igualmente, um indivíduo no estado cataléptico passará facilmente ao estado letárgico, abaixando-se-lhe as pálpebras. O traço mais saliente do estado cataléptico é a imobilidade. O cataléptico, em pé, na posição mais violenta e mais forçada possível, conserva-se em perfeito equilíbrio, direito, como se fora uma verdadeira estátua. Os olhos permanecem-lhe largamente abertos, os membros conservam indefinidamente toda e qualquer posição que se lhe dê, adquirindo a rigidez do mármore.

O sonambulismo é o mais interessante dos estados hipnóticos, sob o ponto de vista psicológico, e o que mais vivamente surpreende. O sonâmbulo, embora adormecido, pode realizar diversas ações que lhe sejam sugeridas pelo hipnotizador, quer sejam movimentos, quer sejam respostas a perguntas. O sonâmbulo pode ver através da mais estreita fenda palpebral, e até com as pálpebras completamente cerradas, por causa da transparência que as membranas possuem em presença da luz viva. O que é indubitável é que os sonâmbulos leem desembaraçadamente em meia obscuridade, enquanto a uma pessoa no seu estado normal seria impossível distinguir, sem visível esforço, a forma dos caracteres. Da mesma forma, um sopro dirigido da distância de 15 a 20 metros é nitidamente sentido por um hipnotizado, embora esse sopro seja o mais tênue possível. O sono sonambúlico termina-se comprimindo levemente os globos do paciente, que volta rapidamente ao estado letárgico, ou levantando-lhe as pálpebras, mergulhando-o, assim, em um estado cataléptico.

Fascinação e alucinação ocorrem com a conservação da percepção visual durante a hipnose. O hipnotizado, tendo os olhos fitos nas mãos do hipnotizador, acompanha-o em todos os movimentos que ele faça, imita todos os seus atos, ri, assobia, mostra a língua etc. Neste estado é possível determinar-se toda casta de alucinação visual. Imitando-se os movimentos apropriados de quem persegue uma ave, imediatamente se produz no hipnotizado a alucinação visual de uma ave voltejando pelo ar; fingindo-se estar aterrado pela presença de um animal qualquer, o mesmo terror se pinta imediatamente no rosto do hipnotizado.

A técnica da magnetização ou hipnose

A hipnose é um modo de usar o magnetismo animal, influenciando uma pessoa de modo a alterar seu estado mental. A prática da hipnose é matéria de estudo científico, e é usada hoje, como na Antiguidade, nas práticas da Medicina.

Hipnose é uma técnica que precisa ser aprendida e exercitada. Se desejais praticá-la, deveis treinar sempre, planejando vossas ações com clientes imaginários, até vos sentirdes seguro de vossas ações.

Cultivai uma atitude serena e segura, para conquistar a confiança e causar boa impressão sobre o paciente. Se fordes capaz de convencer uma pessoa, também podereis hipnotizá-la.

Cultivai um modo de falar calmo, convincente e tranquilizador. A voz é um fator muito importante na hipnose.

Tende confiança em vós mesmo. Se acreditardes que tendes poder hipnótico, o cliente também acreditará. Mostrai-vos seguro e firme, e impressionareis vosso cliente, tornando-o mais suscetível a vossos atos.

Se precisardes adotar uma atitude um pouco mais forte ou dramática, fazei-o dentro do vosso natural, sem exageros, artificialismo ou vulgaridade, que teriam o efeito inverso do desejado.

Modos de hipnotizar

É variável o tempo que se gasta para hipnotizar, pois isso depende da suscetibilidade do cliente e da tática dos hipnotizadores. Há diversos modos de provocar a hipnose, sendo os principais os seguintes:

O modo mais usual é o que consiste em fazer fixar os olhos do paciente em um objeto brilhante ou que se mova suavemente de forma pendular. O paciente deverá fixar o objeto durante alguns minutos, atentamente, pois, passados os mesmos, a pupila irá se contrair para, em seguida, se abrir; as pálpebras cairão suavemente e a pessoa ficará hipnotizada.

Um método que pode ser usado pela pessoa em si mesma consiste em contemplar um ponto no espaço, deixando que a mente se esvazie. Uma música suave e monótona também é eficiente para alcançar o estado de hipnose.

Nas pessoas vivamente impressionáveis pode produzir-se a hipnose atuando unicamente sobre a sua imaginação, convencendo-as de que elas adormecerão infalivelmente à sugestão dada pelo hipnotizador. Essa sugestão pode ser feita de forma imperiosa ou sutil, conforme o caráter do paciente.

A pessoa que se pretende hipnotizar deve sentar-se, colocando-se o hipnotizador a sua frente ou mesmo sem estar em contato com ela. O hipnotizador, geralmente, fica de pé. Se porventura necessitar sentar-se, deve procurar sempre um lugar mais alto do que o magnetizando, de modo que o movimento dos braços, que será obrigado a fazer, não se torne demasiado fatigante e dê bom resultado.

O hipnotizador deve começar tranquilizando o paciente, explicando que a hipnose é um tratamento que consiste em um sono comum e que tem diversos benefícios. A seguir, deve dizer mais ou menos o seguinte:

— Olhe para mim e não pense em mais nada que não seja dormir. Tuas pálpebras estão ficando pesadas.... Teus olhos estão cansados... estão se fechando... Teus braços estão pesados... as pernas também... Não podes sentir nada... Não vês nada... Vais dormir...

O hipnotizador deve baixar a voz gradualmente, dizendo por fim:

— Dorme!

Convém acrescentar uma instrução para o retorno ou saída da hipnose, como:

— Quando eu contar até três, vais despertar.

Saída da hipnose

O paciente sai da hipnose de várias formas: por meio de um estímulo intenso (um som alto, um toque forte etc.), que o fará acordar como se estivesse despertando de um sono comum; pela passagem para o sono comum, de que irá despertar normalmente; ou pelo uso de sugestão.

Se fordes usar a sugestão, devereis dizer ao paciente, quando o estiverdes hipnotizando, o que fareis para acordá-lo: contar até certo número, bater palmas etc. Ao iniciar o processo de despertar, convém que lhe deis a sugestão de que ele despertará se sentindo bem, completamente normal. Em seguida, executareis o procedimento combinado e o paciente despertará em perfeitas condições. Não devereis temer por vossa capacidade de acordar vosso paciente, e da mesma forma devereis tranquilizá-lo, pois não existe relato de que alguém não tenha conseguido retornar da hipnose.

Usos da hipnose

A hipnose como forma de adivinhação

Uma pessoa hipnotizada pode ter o espírito separado do corpo. Estando ele nesse estado, poderá responder a perguntas sobre pessoas e coisas cujos segredos se deseje desvendar. O magnetizador, logo que esteja certificado de que o magnetizado está em verdadeira sonolência, deve dirigir-lhe as perguntas desejadas:

— Onde está fulano?
— Tem saúde?
— Está rico ou pobre?
— Tem intenção de voltar a esta terra?
— Ele tem, ou não, vontade de desposar fulana?

Enfim, pode o magnetizador dirigir-lhe todas as perguntas que quiser, menos coisas que sejam impossíveis ao seu espírito responder, ou mesmo entender, como os assuntos do outro mundo.

A hipnose como meio de cura

A hipnose é um precioso instrumento de sugestão que pode influenciar hábitos corporais, mentais e morais. É falsa, porém, a crença de que, através da hipnose, pode-se forçar uma pessoa a fazer algo contrário à sua natureza. Deveis, entretanto, usar do vosso critério para não tentar abusar de uma técnica tão poderosa, pois ela poderá despertar impulsos ocultos e tornar a vida de seu cliente muito pior.

Para fazer o tratamento, deveis colocar vosso paciente em estado hipnótico. A seguir, fareis as sugestões que se apliquem ao caso:

— Quando acordares, não mais sentirás esse medo sem justificativa.

Ou:
— Quando acordares, essa dor terá passado.
E assim por diante.

Tende em mente, porém, que a hipnose, por si só, não irá curar uma enfermidade que exija outros tratamentos: ela apenas auxiliará o paciente a concentrar as prórpias forças na direção da cura.

FISIOGNOMONIA — A ARTE DE CONHECER O GÊNIO, AS TENDÊNCIAS E OS DEFEITOS DAS PESSOAS PELAS FEIÇÕES DO ROSTO

Estudo da cabeça

Uma cabeça bem proporcional ao resto do corpo, isto é, que à simples vista não pareça demasiadamente grande nem pequena, anuncia um caráter mais perfeito do que se pode esperar de uma cabeça desproporcional. Uma cabeça demasiadamente volumosa, ossuda e carnuda indica grosseria e estupidez; excessivamente pequena, debilidade e inércia.

Pode chamar-se cabeça bem feita aquela cuja largura tomada desde a extremidade da nuca até a ponta do nariz seja igual à sua altura, medida do alto do crânio ao queixo.

Do crânio

O crânio, que é o casco da parte superior e posterior da cabeça, apresenta em diferentes pessoas proeminências maiores ou menores, produzidas pelo desenvolvimento da parte do cérebro que lhes corresponde, por meio das quais se pode conhecer os graus do juízo, as tendências e inclinações boas ou más das pessoas.

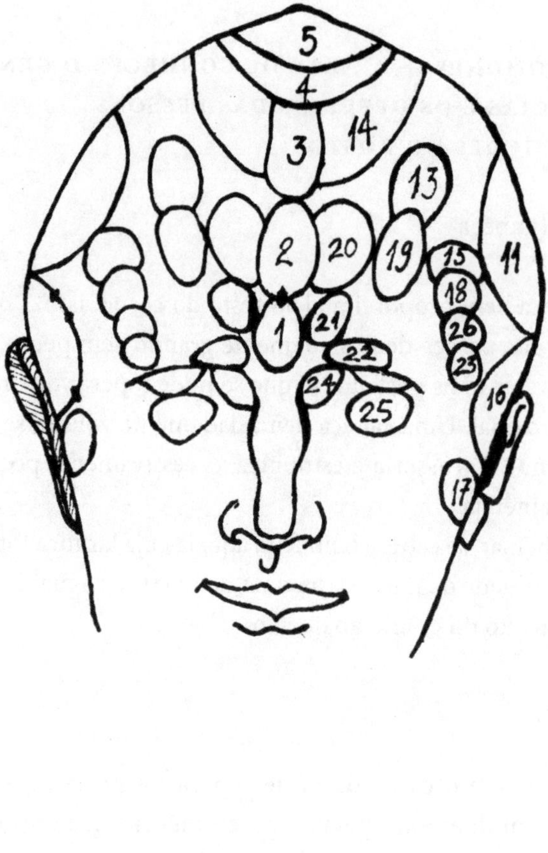
5
4
3
14
13
2
20
19
15
11
18
1
21
26
22
23
24
16
25
17

SEGREDOS DA ADIVINHAÇÃO

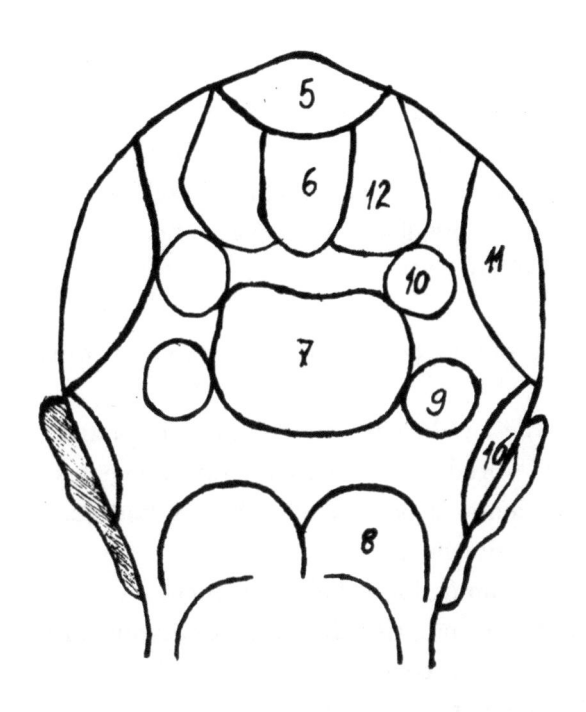

Propensões indicadas pelos relevos do crânio

1 – Sentimento dos fatos, memória, senso das coisas, perfeccionismo.
2 – Sagacidade comparativa, sentimento das comparações.
3 – Sentimento do justo, bondade, benevolência, afabilidade, consciência.
4 – Sentimento religioso.
5 – Firmeza, constância, perseverança, obstinação, pertinácia.
6 – Instinto de elevação, do poder, da ambição, da autoestima, do despotismo; amor à independência, sentimento sublime, sentimento da própria dignidade, orgulho, desdém, presunção.
7 – Amor aos filhos.
8 – Amor.
9 – Instinto da própria defesa, valor, propensão para a disputa e para a rixa.
10 – Instinto de sociabilidade, afeição, amizade, casamento.
11 – Seriedade, prudência, hesitação e propensão para o suicídio.
12 – Vaidade, amor da glória, amor próprio, fatuidade.
13 – Poesia, sentimento poético.
14 – Espírito de imitação, facilidade de imitar.
15 – Sentimento de propriedade, desejos de acumular riquezas, tendências para o roubo, cobiça.
16 – Espírito de destruição, inclinação para matar.
17 – Espírito de construção, de composição, disposição para inventar coisas úteis, sentimento das belas artes.
18 – Espírito de manha, habilidade, finura, hipocrisia, mentira, dissimulação, astúcia.
19 – Espírito crítico, tendência para a sátira, mordacidade, bons ditos, presença de espírito, sal, murmúrios, réplica pronta.
20 – Espírito de indução, ideologia, metafísica, profundidade de espírito.
21 – Memória de lugares, instinto das viagens, amor às paisagens, facilidade de orientação, sentimento das relações no espaço.

22 – Sentimento de colorido e harmonia das cores.
23 – Cálculos, memória dos números, das datas, matemática.
24 – Sentimento das pessoas, memória das fisionomias, dos retratos etc.
25 – Sentimento das palavras, instinto das coleções, facilidade de orar, memória dos nomes.
26 – Sentimento da música e das relações dos tons.

Da testa

Uma testa muito prolongada denota falta de energia e de mobilidade; estreita, curta e compacta denota caráter muito concentrado e firme; muito chata desde a linha dos cabelos até às sobrancelhas, neurastenia e falta de talento. Se, porém, arquear suavemente por cima, é sinal de talento e muita reflexão. Uma testa muito proeminente anuncia faculdades limitadas e incapacidade de alcançar madureza, reflexão e juízo; sendo inclinada para trás é indício de imaginação e delicadeza de pensamentos. Os que tiverem muito salientes os ossos dos olhos, são aptos para trabalhos de espírito e muito sagazes para as grandes empresas. Uma testa muito cheia de proeminências angulosas é sinal certo de um ânimo fogoso que nada pode conter em sua capacidade para grande aplicação e muita energia. Porém, as rugas horizontais e interrompidas são indício de preguiça ou de fraqueza de ânimo.

Dos olhos

Os olhos azuis anunciam mais debilidade e um caráter mais brando e delicado que os pardos e os negros; não quer isto dizer que não haja homens enérgicos com olhos azuis; isto, porém, é exceção. A regra geral é que os olhos pardos ou negros denotam ânimo mais vigoroso e profundo. Os que têm olhos pardos, claros ou verdes são coléricos, vivos e animosos. Os olhos negros são os mais formosos e denunciam vivacidade e força de expressão, energia e calor d'alma. Os olhos grandes, salientes e abertos anunciam, se são cinzentos, um caráter franco e sem malícia; pequenos e invocados denotam caráter malicioso e invejoso. O olhar fixo e arrogante indica orgulho, insolência e audácia; e o olhar móbil e extraviado denuncia um caráter aturdido e disposto à loucura.

Do nariz

Um nariz prolongado diretamente da testa, sem quebradura ou depressão alguma, sugere caprichos pueris e excessiva vaidade; encurvado no alto de sua raiz denota um caráter impetuoso, inclinado a mandar e a obrar coisas grandes, firme e ardente na execução de seus projetos. Nariz aquilino anuncia altivez e ambição; medíocre e afilado é indício de finura, habilidade e malícia; curto e grosso denota pouca energia e menos juízo; pequeno e revirado é característico do indivíduo demandista, insolente e gratuitamente mau; largo e pontiagudo indica sagacidade e muita astúcia; e o nariz chato é expressão de luxúria.

Da boca e dos lábios

Lábios carnudos supõem sensualidade e preguiça; recortados e muito expressivos indicam timidez e avareza; debuxados sem esforço, suaves e fáceis de imitar denotam caráter judicioso, firme e refletido. Grossos, bem pronunciados e proporcionados, que apresentam ao mesmo tempo a linha central bem serpenteada, anunciam um caráter elevado, bom e inclinado ao prazer.

    Boca cerrada, cuja fenda apresenta uma linha reta, indica coragem, sangue frio e afeição à ordem, à exatidão e à limpeza.

Dos cabelos

As três cores principais dos cabelos são: preta, castanha e ruiva. Todas as mais são modificações destas cores fundamentais. O cabelo preto pertence aos temperamentos biliosos, nervosos e melancólicos; o castanho, aos sanguíneos e linfáticos; o ruivo indica um modo particular de organização e, portanto, um caráter especial.

O cabelo brando e flexível é sinal de timidez; o duro e consistente assinala força e coragem, e, segundo uma observação de Aristóteles, as pessoas que têm o ventre muito cabeludo são, em geral, grandes faladoras.

Cabelos negros e finos em uma cabeça cuja testa seja espaçosa, meio calva e bem abobadada denotam juízo seguro e reflexivo; sendo, porém, em cabeça achatada e lisa, indicam notável debilidade das faculdades intelectuais.

Cabelos castanhos anunciam um caráter delicado e fleumático; os ruivos caracterizam um indivíduo muito bom, ou excessivamente mau. Uma diferença notável entre a cor do cabelo e a das sobrancelhas é caso para nos inspirar desconfiança e preocupação.

O cabelo crespo denuncia sempre um caráter áspero e audaz. A barba espessa e forte é sinal de energia e virilidade, especialmente se a cor é preto-azulada; a barba castanho-clara denota delicadeza. A barba ruiva e espessa dá à cara uma aparência tirana, sem embargo de haver excelentes pessoas com esta barba.

Do ventre, nádegas, braços, mãos, pernas, joelhos e pés

Os que têm o ventre gordo, proeminente, são sensuais, glutões e preguiçosos; os de ventre achatado, delgados de corpo, são enérgicos e ativos.

Braços muito longos ou demasiadamente curtos denotam preguiça de movimentos e pouca aptidão para o trabalho; braços cujos movimentos sejam bruscos e grosseiros denotam igual disposição de ânimo e caráter; braços pendidos e inertes denotam apatia e fraqueza.

Mãos largas e grossas indicam força e vigor; pequenas, brancas, finas e com os dedos aguçados na extremidade denotam suavidade e delicadeza. É mister observar sempre os movimentos das mãos, porque não há paixão nem sentimento algum, por mais íntimo e recôndito que seja, que não se traduza por algum movimento das mãos; com elas chamamos, pedimos, rogamos, ameaçamos, imploramos, contamos, ordenamos, animamos, absolvemos, lisonjeamos, escrevemos, reconciliamos etc.

Os que têm pernas grossas e curtas não servem para grandes marchas, são pesados e expostos a doença de pernas, porque têm abundância de humores e má circulação de sangue. Os que têm joelhos grossos são expostos a reumatismo e outras enfermidades dos ossos. Os que têm uma disposição contrária são bons para soldados, percursadores, caminheiros etc.

Da fala, da voz e do riso

A maneira de falar é uma pedra de toque por meio da qual se conhece o moral e intelectual do homem. "Fala para que te conheça", dizia Sêneca. E assim é: o cínico fala muito diferentemente do modesto; o vaidoso, do humilde; o valente, do fanfarrão; e assim em tudo o mais. Pelas palavras que for soltando se pode classificar qualquer homem com grande segurança, ainda que haja pouca harmonia entre a sua linguagem e os outros sinais de seu caráter. Assim como o cérebro, onde reside o entendimento, anima os olhos e o rosto, o coração anima e dirige a voz, de sorte que por mais ligeira que seja qualquer paixão ou sentimento, o coração se afeta, se exalta ou se comprime, e todas estas modificações se traduzem nas palavras.

Também é muito característico, e talvez mais que a linguagem, o som da voz; a sua articulação, doçura ou rudeza, sua extensão ou curteza, inflexões, facilidade ou embaraço da língua, todos esses são sinais que nos farão ajuizar com segurança o caráter dos indivíduos.

Um timbre de voz doce, mediano e sonoro é indício de um dom natural e de suavidade de caráter e de costume.

Uma voz grave, sonora e cheia, indica virilidade, grande poder gerativo e vigor do corpo.

O que fala em voz grave, pausadamente, dizendo coisas discretas, denota um grande fundo de juízo, de talento e moderação. O que fala precipitadamente, interrompendo os outros e atropelando-se a si próprio, denota que não tem entendimento bem claro e que suas ideias são confusas sobre os assuntos que aborda.

O que fala alto com voz áspera denota que é orgulhoso, altivo e amigo de mandar.

Uma voz ruidosa que diz as coisas com exagero, principalmente quando se trata de enfermidade, anuncia um caráter maníaco, triste e propenso ao suicídio.

O que ri de tudo denota que é um simples ou um ignorante. O que de nada ri denota humor sombrio e propenso à misantropia. Rir às gargalhadas anuncia um caráter franco e alegre.

O que ri alentadamente ou que tem sempre o sorriso nos lábios indica que é adulador, lisonjeiro e inclinado a praticar baixezas, se delas espera tirar proveito.

QUIROMANCIA SEGUNDO CIPRIANO

Quiromancia é a arte de adivinhar o futuro das pessoas pelo estudo das linhas das mãos. Além de nobre, é uma arte antiquíssima, e esteve muito em voga, especialmente entre os gregos, que lhe deram o nome.

É conveniente conhecer bem todas as partes da mão, para assim retermos melhor as sentenças das adivinhações ou prognósticos que decorrem da inspeção da mão.

Juntura da mão é o lugar onde ela se junta ao braço. Pulso é a mão quando fechada e com os dedos dobrados sobre si mesmos. A parte mais alta do pulso é o polegar, e a mais baixa é a percussão da mão, porque é por aí que tocamos os objetos.

A mão está aberta quando estendida e plana. A parte interior, entre os dedos e o pulso, chama-se palma; os dedos são cinco, e do mais grosso ao mais fino chamam-se, respectivamente, polegar, índice (indicativo ou indicador), médio, anular e mínimo (auricular ou mindinho).

Falando em dedos, dizem os antigos que do anular da mão esquerda parte um nervo teso, que vai ter ao coração diretamente; pelo que se diz, este dedo é cercado por um anel de ouro, pois é por ele que o coração humano se vivifica e conforta.

Dos montes e sua ligação com os planetas

Na palma da mão existem sete elevações que se apelidam montes. Tais montes são atribuídos e dedicados aos planetas principais, alguns dos quais regem também os dedos em cuja base os montes se erguem.

SEGREDOS DA ADIVINHAÇÃO

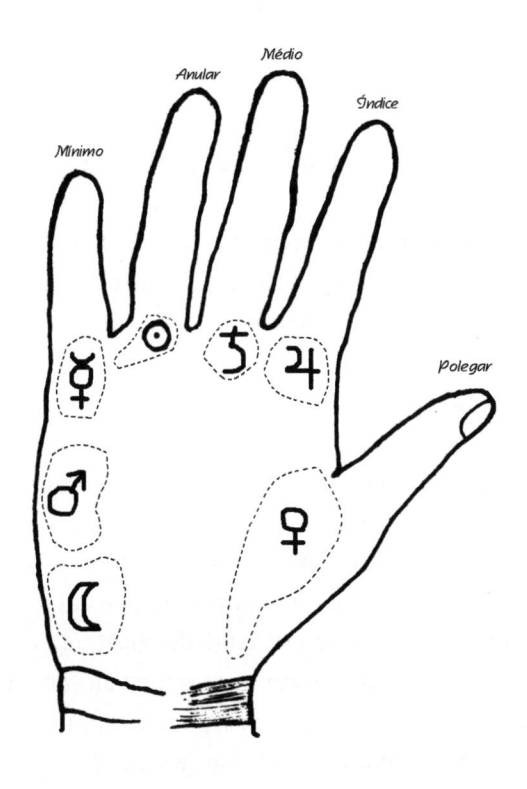

Os planetas, distribuídos na palma da mão como adiante segue, onde são representados por seus símbolos tradicionais, dão-nos adivinhações ou prognósticos que são quase sempre profecias.

Assim, o monte na base do polegar pertence a Vênus. Este dedo representa o Eu.

O dedo índice pertence a Júpiter e tem em sua base o monte regido por este planeta.

O dedo médio e o monte em sua base pertencem a Saturno.

O dedo anular, junto com o monte correspondente, pertence ao Sol.

O dedo mínimo e o monte existente em sua raiz pertencem a Mercúrio.

Existem dois montes na percussão da mão. O primeiro, que fica logo abaixo do monte de Mercúrio, é o monte de Marte. Abaixo deste e próximo à dobra do pulso fica o monte da Lua.

Influência dos planetas

É verdade que nas ciências de adivinhação tudo se liga, tudo se completa; tais artes, para serem seguras e verdadeiras, devem conformar-se umas às outras. O certo é que as coisas inferiores sofrem a influência das superiores, pelas quais são governadas, e das forças celestes.

É necessário, pois, considerar o cuidado com que a natureza faz as coisas e como esta grande mestra nos permite alcançar pela simples inspeção de certas partes do nosso corpo, e não por outras, conhecimentos que a vã imaginação não pode entender!

É assim que os sinais do coração, do cérebro e do fígado correspondem às vidas moral, intelectual e material do nosso organismo, e são traçados na mão do homem de uma maneira certa, e a maior e melhor parte da vida, quer passada, presente ou futura, está nela contida.

Daí a necessidade de se ligar o estudo das mãos à Astrologia. Os signos errantes, ou os planetas, para serem compreendidos necessitam do conhecimento da Quiromancia, por formarem o corpo, o espírito e o entendimento.

É necessário considerar a influência dos planetas sobre os órgãos do homem.

Saturno faz a gente sábia, que se ocupa de seus negócios, desejosa de enriquecer-se, pouco faladora e amante de si mesma.

Marte excita a crueldade e a impostura.

O Sol faz homens nobres, francos e afortunados.

Vênus os cria de forma que não podem deixar (por natureza) de frequentar mulheres, sendo luxuriosos, tolos, de boas graças e conquistadores.

Mercúrio preside a sábios e astutos, a folgazões e ágeis do corpo.

A Lua os torna sutis, engenhosos e excelentes em tudo, mas igualmente inconstantes e muito preguiçosos.

Dissemos, generalizando em poucas palavras, os efeitos de se nascer sob a influência de alguns signos. Vamos agora estabelecer a diferença existente entre eles, minuciosa e cientificamente.

Ocupemo-nos, para dar um exemplo, da voz.

Saturno dá-nos uma voz arrastada, estridente e de mau efeito auditivo.

Marte a dá mais do que estridente: retumbante.

Júpiter torna a voz sonora, doce, meiga.

Vênus a faz branda, agradável, afeminada.

A Lua dá à voz um timbre melífluo e açucarado.

Mercúrio dá voz de cabra.

Os doze signos do zodíaco influenciam também a voz humana. Os que formam os sons claros e ressoantes são: Virgem, Gêmeos, Balança e Peixes; os que lhe dão maleabilidade são: Touro, Leão e Capricórnio. Os demais signos a tornam fraca.

Os signos que protegem a concepção e a fecundidade, são: Gêmeos, Virgem, Touro, Sagitário e Leão.

Os signos Câncer e Libra, com especialidade, tornam estéril a mulher.

De sorte que tudo que pertença à vida humana tem relação com os signos celestes, cuja influência domina os destinos; eles são promotores desse efeito, são os que governam, e, por isso, hão de ser considerados nas predições.

Das linhas da mão

Toda mão tem três linhas principais: da Vida, da Cabeça e do Coração. Existem diversas linhas secundárias, mas nem todos as têm.

A linha da Vida (A) começa na borda interna da mão, onde se faz a dobra do dedo indicador, contorna o monte de Vênus, de cima para baixo, e termina perto do pulso.

A linha da Cabeça (B) começa junto da linha da Vida e atravessa a palma da mão, terminando no monte de Marte ou no da Lua.

A linha do Coração (C) começa entre os montes de Mercúrio e Marte e atravessa a palma da mão quase paralelamente à linha do Coração, terminando no monte de Júpiter.

A linha do Destino (D) começa na parte inferior da palma, entre os montes de Vênus e da Lua, e sobe até o monte de Saturno, cortando o campo de Marte.

A linha da Felicidade (E) começa no monte da Lua ou na linha da Vida e termina no monte do Sol.

A linha da Saúde (F) ou linha Hepática começa na parte inferior da palma da mão, ou na linha da Vida, e atravessa a palma, terminando no monte de Mercúrio.

O campo de Marte (G) é uma área triangular plana, limitada pelas linhas da Cabeça, do Destino e da Saúde.

A pulseira (H) é o grupo de linhas paralelas existentes no pulso, que separa a mão do braço.

SEGREDOS DA ADIVINHAÇÃO

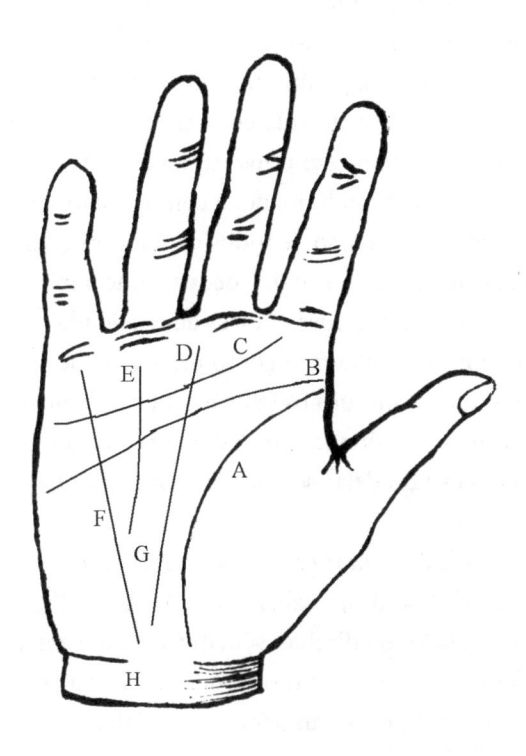

Prognósticos das linhas da mão

As linhas que descrevemos são as mais visíveis e as que representam o melhor papel na decifração do futuro do homem, se é propício ou adverso a ele.

Como o grande Cipriano, o feiticeiro, os antigos filósofos também estabeleceram conjecturas e ajuizaram sobre a importância das linhas do corpo humano, predizendo por que uma certa pessoa estaria sujeita a certos fatos da vida comum. Segundo eles, a mão do homem foi feita pela natureza o instrumentos dos instrumentos, o órgão dos órgãos do corpo humano; e como a mão serve a todas as partes do corpo e o concurso de todos os membros serve à generalização da espécie humana, é lógico deduzir que a mão encerra, nos seus traços, sinais, compleições, índices de qualidade e de energia do homem. Ou, em uma palavra, é como um livro aberto onde se podem vaticinar com segurança os fatos múltiplos da nossa existência.

Todas as ciências ensinadas por São Cipriano são de leituras, de forma que pelo estudo delas se pode responder a qualquer indagação sobre o futuro.

Para todas as linhas da mão, é mister observar o seguinte: se as diversas linhas já descritas, a saber, da Fortuna, do Fígado, Vital, da Cabeça e Divisória forem direitas, sem divisões, não encontradas por outras, de bom colorido, são sinal de boa compleição; mas, se dispostas ao contrário denunciam também, o contrário.

Da linha da Vida

Se a linha da Vida for comprida, reta, luzente e de cor um tanto viva, ela significa existência longa, ou melhor ainda, significa que o homem não estará sujeito a doenças. Assim o afirmava Plínio, quando dizia: "Os que têm as espáduas curvas e, em uma das mãos, duas longas incisões, são de vida longa".

Ele se referia a estas duas linhas: a da Vida e a da Cabeça.

Se a força ou virtude natural é débil e fraca, a linha aparecerá com variação ou até de diversas cores, semeada por pequenas linhas transversais; caso seja curta, significará brevidade de vida e má saúde da pessoa, denotando assim pouca força. Ela atesta que o homem se sairá mal e com pena de suas empresas.

Grossa, longa e não dividida por linhas contrárias, mas confusas, denota contrariedade e impedimentos na vida.

A linha da Vida estreita, fina e bem corada significa que o homem é de bom conselho e de entendimento sutil, de grande e real coragem. Sendo, porém, larga, mal colorida ou pálida, ela denota o contrário.

Do mesmo modo, quando a linha da Vida é profunda, de cores várias ou ponteada de manchas arroxeadas, pálidas, lívidas ou violetas, ela significa malícia, artifício, dolo, inveja e nos diz que tal homem é vaidoso, fanfarrão e excessivo de amor próprio. Sendo grossa e muito encarnada, nos diz que o mesmo homem será enganador, fátuo, intolerável, mau e inconstante.

Sendo a linha da Vida lívida ou descorada como o chumbo, intercalada de quaisquer outras cores, ela nos pintará um homem violento e furioso.

Se for encarnada e entremeada de pontos da cor da platina, significará que a pessoa é inconstante, sem-vergonha, vagabunda, intrigante, colérica e provocadora de males.

Caso o seu ângulo com a linha da Cabeça seja muito agudo, será indício de inconstância, vagabundice e de se estar sempre disposto a fazer o maravilhoso. Encarnada, curva e dobrada para a da Cabeça, atestará enganos, cautelas, atrevimento e pouca coragem.

Aparecendo na mão da mulher o signo da cruz, no mais alto canto ou no ângulo da linha da vida com três outras pequenas linhas, tal mulher será jovial, pródiga de castidade, mas... má.

Achando-se sobre a linha da Vida alguma pequena cruz junto ao ângulo direito, quando esta cruz for bem marcada denotará que a mulher será pérfida e que será mais de uma vez punida por esta má qualidade, pois tal cruz significa sempre maus instintos, assim como no homem.

Caso duas linhas se achem sobre a linha da Vida, no fim do monte de Vênus, e como deitadas para o lado, isto será sinal de morte rápida.

Vista com galhos estendidos para a linha da Cabeça, é sinal de perfeição, de grandes riquezas e de honras. Mas quando os galhos (que não são mais que outras linhas menores) se estendem para baixo, são agouro de pobreza, desenganos e risco de infidelidade dos mais próximos. Se tais galhos se dirigem para a linha da Cabeça, denotam que a pessoa após muitos perigos e agitações de fortuna acabará por ser muito rica de bens e de honrarias.

Diversas linhas cortando a da Vida indicam graves doenças.

O homem está inclinado à luxúria e estará a ponto de comprometer sua vida nas guerras civis, caso se percebam sobre a linha da Vida certos grãozinhos ou pontos.

Quando do começo da linha da Vida saem ou nascem três pequenas linhas tortuosas que a cortam transversalmente, isto é prenúncio de doença contagiosa ou vergonhosa, pois demonstram a má natureza interior do homem e a corrupção total de seu corpo.

Quando a linha da Vida é longa, alta, de bom colorido, tendo com a da Cabeça boa proporção, é sinal que o homem é bem constituído.

Se as ditas linhas são também de boa cor e longas, anunciam longa vida, boa natureza, espírito, entendimento e boa compleição.

Havendo na parte mais alta da linha vital uma cruz, precedendo dela e formando ângulo, e ao lado dessa cruz houver duas pequenas linhas acima e três abaixo, é sinal para uma mulher que ela ama a luxúria; e se as três linhas se encontram no fim da linha vital, em direção à linha divisória, será muito abandonada a essas paixões e nelas achará a morte.

Quando algumas pequenas linhas cortam a parte superior da linha vital, ou a atravessam, isso denota enfermidades corporais atrozes; e se a da Cabeça tem do lado oposto incisões análogas que parecem ser a contrapartida, isso indicará dores nevrálgicas motivadas por embaraços no estômago.

Três linhas achadas no fim desta última indicam algum mal.

Da linha da Cabeça

Se esta linha é reta e não-cortada por pequenas linhas voltadas em sentido contrário, indica boa saúde, cérebro são, espírito e entendimento sutis e boa memória.

Sendo longa e chegando até o monte da Lua, denota coragem, ousadia, valentia; ela é, também, sinal de longa vida. Sendo, porém, curta ou que não saia do centro da mão, demonstra medo, timidez, avareza, deslealdade; e se não alcança o monte da Lua, é indício de ações corruptas e curta existência.

Tomando a forma de um semi-círculo que projeta a curva sobre o dito monte, quanto mais comprida for, mais longa a vida será, mas a miséria é de se esperar na velhice.

Dirigindo-se do alto para os dedos, na parte em que se afina e fenece, temos aí um homem sem pejo e malicioso.

Se esta linha sobe muito em direção aos dedos, indica loucura. Se tende muito no sentido do pulso, temos um homem mau, cobiçoso do bem alheio.

Curvada a ponto de tocar a linha da Vida, é para acreditar em perigos e próximas aventuras escabrosas.

Sendo torta, de cores desiguais, é sinal de alta coragem, e às vezes de furto e plagiato.

Quando é reta, igual em seu conjunto, de bela e luzente cor, sem linhas que a atravessam ou dela irrompam, é sinal de boa consciência e de coração justiceiro.

Quando a linha da Cabeça é larga e grossa, entremeada de vermelhidão, denota grosseria de entendimento e imprudência.

Quando não é muito larga nem muito grossa, recorda alegria e força física. Muito alta e grossa, tendo perto algumas linhas avermelhadas, denota raiva.

Quando a linha tem espaços nodosos próximos uns dos outros, tantos nós quantas mortes poderá fazer tal pessoa se não se tomar sentido, pois está na presença de uma ferocidade brutal; e caso sejam estes nós malfeitos e menos arredondados, demonstram, simplesmente, um destruidor, um bandido ferindo os que o atacam e provocador de demandas.

Achando-se, em lugar de nós, pontos espessos e grossos, isto é anúncio de ações desordenadas, sem sabedoria e sem graça. Sendo tais pontos vermelhos, indicam coragem, ousadia misturada à crueldade.

Sendo torta a linha de que falamos, e fazendo em lugar do seu circuito um semi-círculo menos pronunciado e profundo, quase apagado, augura que a pessoa será atropelada ou sofrerá acidente com animais.

Duas outras linhas juntas a esta advertem que a pessoa será ferida e morta por qualquer outro objeto que não o ferro.

Demais, e isto é importante: se sobre esta linha nasce, em qualquer época da vida, uma pequena cruz, é agouro de morte no decurso de um ano.

Se estiver a linha da Cabeça bifurcada no sentido da borda da mão, com outras miúdas, vaticina um homem sempre embebido de maus pensares, não aspirando mais que ao mal, descrente de Deus e dos homens.

Quando a linha da Cabeça tende para a linha da Vida, ela denuncia um homem maldizente, perverso, sedento de sangue, pelo que será de perigo frequente.

Tendo esta linha cortes atravessados e disfarçados, presagia orgulho, loquacidade, incontinência e arrufos por ninharia.

Uma cruz disposta no vértice do ângulo, à direita do monte polegar, profetiza um homem bom e bem-intencionado.

Da linha do Coração

Se a linha do Coração é igual e suficientemente longa, alta e reta, é sinal de boa natureza: o homem será bem conformado e seus membros dispostos com harmonia; também é atestado de modéstia e firmeza de caráter.

Estendida sob o monte de Júpiter, explica crueldade em seguida a um grande despeito.

Vermelha na sua parte alta, designa um enredador, maldizente e invejoso dos bens e das propriedades de seus semelhantes.

Com galhos tendentes ao indicador, é promessa de honras e aumento de riqueza, sendo, também, afirmação de que o pobre adquirirá gradativamente, dignamente, poder e autoridade.

Nua e sem os galhos, é aviso de que o homem se tornará pobre e infeliz.

Com três linhas ou galhos no fim, é prenúncio de felicidade, nobreza, excelência, modéstia, honestidade, retidão, pureza, desejos de ver tudo em pratos limpos.

Uma cruz perto da linha do Coração simboliza um homem liberal, veraz, gracioso, de vernaculidade atraente e adornado de todas as virtudes. Sendo jovem, o homem terá a barba antecipadamente aos de sua idade.

Saindo esta linha do lado do monte de Saturno sem ter ramificação, indica um sujeito mentiroso, cheio de amor próprio, inconstante, desavergonhado, semeador de discórdias e de problemas.

A linha do Coração se ligada à da Cabeça revela desgostos e sérias perturbações no curso da existência.

Olhando uma parte desta linha à da Cabeça, e a outra ao monte de Saturno, sugere ao homem que estará em constante perigo de vida, ainda que possa escapar são e salvo.

Direita e fina perto do monte de Júpiter, manifesta que o homem é ou será um bom chefe de família, que se elevará em condição acima dos seus parentes e os dominará.

E se alguma linha dividindo a do Coração, vinda da mesma, sobe ao monte de Saturno e aí forma uma pequena cruz, é sinal de morte violenta.

Esta linha colocada no alto, fina, pálida, conduz à castidade, mas faz débil e doentio o homem.

Um talho que venha da linha da Vida e se junto à do Coração significa que a mulher pode vir a ser uma infanticida, caso não a corrija a educação. Com o talho voltado obliquamente através do monte de Júpiter, a mulher terá várias heranças.

Não existindo sobre a mão a linha do Coração, o homem é rixento, malvisto e de má fé.

Aparecendo algumas linhas entre a do Coração e o dedo mínimo, avermelhadas e em número igual, são sinais de casamento.

Afamados médicos da Antiguidade diziam que as pequenas linhas que se encontram no fim da linha do Coração são indício de moléstia na primeira idade.

Se três pequenas linhas se acharem na do Coração e se esta linha se juntar à da Vida, isto é sinal de bom entendimento e de sutileza.

Quando a linha do Coração é disposta de tal sorte que comece regular e finde diversamente, significa temperamento bom e bom sangue; ela indica também vigor dos órgãos da geração.

Tocando a linha da Cabeça de forma a constituir um ângulo agudo, é mau sinal, e por certo é a causa de tantas desgraças de quem a traz assim na mão, que deve lastimar-se de ter nascido.

Da linha do Destino

Uma linha reta, forte, comprida e bem colorida anuncia sucesso na vida. Se essas características aparecem principalmente na parte final da linha, indicam sucesso decorrente de assuntos ligados à terra (construções, plantações etc.) ou felicidade apenas na velhice.

Uma linha do Destino muito ramificada diz que a sorte se perde em exageros e que ocorrem alternativas de riqueza e pobreza, sem longa duração. Mas se a linha tiver embaixo o formato de um parafuso e depois subir forte e reta, indica grande felicidade seguida de acontecimento favorável.

Uma linha fraca indica pouca felicidade. Se a linha estiver ausente, a vida será pouco movimentada, sem importância.

A presença de uma linha irmã duplicando a linha do Destino anuncia corrupção e doenças resultantes do abuso dos prazeres.

Uma linha bem formada mas cortada no fim por pequenas linhas agrupadas indica que a felicidade será seguida pelo infortúnio.

Se a linha do Destino for ondulada ou ocasionalmente quebrada, indicará má saúde e irritabilidade. Se a linha for muito quebrada, anunciará mudanças frequentes de sorte, com períodos de obstáculos e dificuldades, porém de curta duração. Mas se a linha se mostrar quebrada no campo de Marte, indicará que a felicidade será vencida por lutas físicas e morais.

Uma linha firme e profunda, iniciando na pulseira, significa felicidade intensa e demorada, se não for permanente, e que será ainda maior se a linha do Destino tiver raízes no início e pequenos ramos no fim. Começando na pulseira e correndo reta até ultrapassar a raiz do dedo médio, a linha indica destino importante, seja de forma benéfica ou maléfica.

Se a linha penetrar na falange do dedo médio, indica influência maléfica de Saturno, que será tanto pior quanto mais a linha subir ao longo do dedo até a sua ponta. Se lá houver uma estrela, anunciará perigo de assassinato para seu possuidor.

Começando na linha da Vida, a linha do Destino absorverá as qualidades ou os defeitos dela, conforme seja bem ou mal conformada. De qualquer forma, indica que seu possuidor tem bom coração.

Começando no monte da Lua, a linha do Destino indica felicidade que se origina num capricho, numa fantasia, na proteção de alguém; essa felicidade será maior se a linha subir fortemente até o monte de Saturno. Se, com essa mesma origem, a linha subir até a linha do Coração, indicará felicidade nascida de um capricho mas seguida de amor duradouro e casamento rico. O prognóstico será melhor se a linha do Coração for bem formada e terminar no monte de Júpiter.

Uma linha do Destino que comece no campo de Marte indica grande energia capaz de sustentar qualquer tipo de luta.

Começando muito baixa, cortando as linhas do pulso, a linha do Destino indica má influência de Saturno e grandes dificuldades. Se, ao contrário, começar muito alta, entre a linha da Cabeça e a linha do Coração, anuncia felicidade tardia, alcançada somente após muitas dificuldades. Mas se a linha tiver bom traçado, a felicidade será grande.

Começando na linha da Cabeça e contornando o monte de Saturno, significa muitas dificuldades e grandes sofrimentos, que serão maiores se a linha da Cabeça não for boa. Mas se a linha tiver esse mesmo início e correr reta até o monte de Júpiter, indicará felicidade, embora obtida pelo orgulho e pela ambição exagerada. Se houver uma estrela no fim da linha, o sucesso será fora do comum; mas se o sinal for uma cruz, anunciará grande calamidade causada justamente pelo orgulho excessivo.

Se a linha do Destino terminar na linha da Cabeça, a felicidade será cortada por uma decisão pensada. Se terminar na linha do Coração, o coração é que interromperá a felicidade.

Conforme a linha do Destino termine na direção do monte de Júpiter, Mercúrio ou Sol, a felicidade será devida à influência do astro respectivo.

Da linha da Felicidade

Esta linha, sendo bem traçada, forte, reta e comprida, indica amor pelas artes, sucesso pelo trabalho e riqueza. Começando na parte inferior da mão e subindo até a falange do dedo anular, anuncia gênio e sucesso de grande vulto. Mas se for curta, indica sucesso moderado.

Se a linha estiver quebrada, anuncia dificuldades nas artes e obstáculos para o enriquecimento. Se a quebra ocorrer no campo de Marte, o sucesso será prejudicado por muitas lutas.

Começando no monte da Lua, anuncia sucesso devido a um capricho, a uma fantasia ou à proteção de alguém. Começando na linha da Vida, o sucesso será devido ao mérito pessoal. Começando no campo de Marte, o sucesso virá depois de muitas lutas contra obstáculos e dificuldades.

Uma linha com ramais sobre o monte do Sol ou além dele, sugere desejos de celebridade que não se realizarão. Se for dividida em duas ou três linhas desiguais, indica força dividida entre vários interesses, o que impede o sucesso. Pequenas linhas transversais sobre o monte do Sol significam obstáculos que anulam todos os esforços nas artes ou nas ambições de riqueza. Uma linha irmã corrige os defeitos ou reforça as qualidades da linha da Felicidade.

Da linha da Saúde

Também chamada linha Hepática, esta linha se relaciona com o fígado. Mostra como este órgão e os outros a ele relacionados estão funcionando e, consequentemente, como é o caráter, o humor e a saúde geral da pessoa.

Uma linha reta, bem colorida, fina e de comprimento regular indica boa saúde, natureza honesta e boa disposição geral. Forte e grossa, anuncia doenças do fígado, que serão graves se a linha estiver cortada. Se a linha estiver ausente, o fígado será defeituoso e a pessoa terá tendência para dores de cabeça, embora seja ágil de corpo e fina de pele.

Uma linha ondulante e tortuosa indica males do fígado; também pode denunciar honestidade duvidosa. Um fígado enfermo também será denunciado por um traço que corte a linha da Saúde, formando uma cruz, ou por uma linha da Saúde muito fina, de cor desigual e obstruída por pontos vermelhos.

A linha da Saúde começando na pulseira, separada da linha da Vida, anuncia vida longa e saudável; mas se começar na linha da Vida, sendo ligada a ela, indica que a saúde é prejudicada pelo mau funcionamento do fígado.

Uma linha da Saúde bem traçada e muito longa, ultrapassando o monte de Mercúrio, indica boa saúde até a velhice. Também é um sinal de saúde vigorosa, que proporciona felicidade constante na vida, a presença de uma linha irmã da linha da Saúde.

Uma linha da Saúde que atravesse o monte da Lua e suba em direção à percussão da mão é sinal de influência caprichosa do fígado.

Da pulseira

Uma pulseira de boa cor é anúncio de corpo são; do contrário, tem significação oposta.

É preciso notar que, frequentemente, se veem duas linhas sobre a juntura da mão com o braço.

Quando a que está mais próxima da mão é reta e de cor viva, tendente para o alto, tem por significado riqueza. Posto que o que as tenha assim seja pobre, adquirirá bens, terá boa sorte. Isso será mais certo para ele quando os galhos destas linhas forem retos e inteiros.

Uma linha que sai da raiz do braço estendendo-se em direção à raiz do dedo mínimo indica boa fortuna e aventuras felizes.

Quatro linhas que se notam na pulseira dividindo o braço de través são presságio de honroso futuro e de heranças.

Se na raiz do braço, perto do monte de Vênus, ou seja, perto da linha da Vida, se encontram três ou mais estrelas, isto significará, no homem, que será acusado por mulheres e terá a desonra.

Uma linha indo até a percussão da mão, subindo da pulseira, marca inimizades secretas. A mesma linha, sendo torta e desunida, é sinal de pobreza contínua e de uma espécie de servilismo. A pessoa que tiver tal linha nessas condições pode estar certa de que jamais adquirirá fortuna, honra, nem riquezas, e que estará sempre à mercê dos outros.

Linhas semeadas aqui e acolá, desde a pulseira até o monte de Vênus, são aviso certo de desgraça, tormentos, aflições causadas por conjuntos daqueles a quem mais amam, dos seu amigos mais afeiçoados; será por eles despojados e posto também à sombra do cárcere.

Algumas linhas, nascendo no braço, atravessando a pulseira e juntando-se em feixe no alto, previnem a quem as traz assim dispostas de que será banido do país. Se tais linhas não se juntam no alto, exprimem que ele morrerá longe do país natal. Partindo estas linhas da pulseira e findando no centro da palma da mão, explicam que a pessoa casará tarde.

Se entre os casos expostos um triângulo nascer na pulseira em direção ao monte da Lua, vaticina, na mulher, que será corrupta desde a adolescência. Mas se, junto a este triângulo, se notar uma pequena cruz, isso denota honestidade, bondade, saúde e castidade.

Uma linha que vá da pulseira à percussão da mão é mau sinal. No homem, diz que será acusado e difamado. Na mulher, que será seduzida e por fim se suicidará.

É regra geral que todas as linhas que vão da pulseira ao monte de Júpiter tenham bom significado. Duas linhas tortuosas que sobem até o monte de Júpiter, e que, aí chegando, encontram outras duas linhas que o atravessam, denotam que a pessoa fará viagens longínquas, de onde voltará com grandes honras e riquezas.

Indo porém tais linhas ter ao monte de Saturno, não se pode achar pior significação: avareza, inveja, ciúme e disposição de fazer qualquer coisa que venha a ser um mal para a humanidade.

Quatro linhas dividindo a mão é sinal de longa vida.

Duas linhas formando um ângulo agudo junto à pulseira e tendo a seu lado uma estrela, dá ao homem grande tranquilidade de vida, dias felizes, louçania e crescimento de honras.

Se aí não se vir a estrela citada, é profecia de que nada faltará à pessoa em comodidade, e que seus desejos serão realizados.

Duas pequenas linhas nascendo das precedentes, dirigindo-se para o centro da palma da mão, sustentando uma à outra, significa boa consciência e grande inocência, as quais darão riquezas e farão cumprir-se todas as vontades a quem as traz incisas na mão. Todavia, estes prognósticos não condizem com a verdade se tais linhas forem tortas.

Duas linhas originárias da pulseira, atravessando a palma da mão e chegando até o monte do Sol, explicam que o homem será um fino político e morrerá com alguma condecoração estrangeira, mas esquecido pelo seu governo.

Do campo de Marte

As linhas da Vida, da Cabeça e da Saúde se cruzam na palma da mão de modo a formar um triângulo. O espaço compreendido entre estas três linhas divide-se necessariamente em três ângulos. O primeiro, formado pelas linhas da Vida e da Cabeça, chama-se ângulo supremo; o que se forma pelas linhas da Vida e da Saúde, na parte inferior da palma, chama-se ângulo esquerdo. O restante se chama ângulo direito.

O triângulo formado de ângulos iguais, tendo linhas de boa cor rosada, retas e resplandecentes, é anúncio de saúde, de segurança de vista e de opinião, de grande renome e de longa vida diante de si.

Tornando-se o triângulo de linhas apagadas e desiguais, o significado será oposto a esse.

Se o espaço compreendido no triângulo é largo, é sinal de grande coragem, de magnanimidade e de audácia. Do contrário, terá sentido inverso. O mesmo espaço, se for pálido, é sinal de que a pessoa será possuída por ataques de cólera e enganadora por natureza.

O ângulo supremo divide-se em três partes, desde a linha da Vida até a da Cabeça. Quando a parte superior se acha entre os montes dos dedos médio e indicador, supõe-se logo no homem vida breve, endurecida pela miséria e pela rudeza do caráter.

Se este ângulo é agudo e bem fechado sobre o meio do monte de Júpiter, presagia boa natureza e compleição, entendimento agudo, destinos aventurosos e inocência nos seus atos. E isto será tanto mais certo quanto mais agudo for o ângulo supremo.

Um espaço nulo entre as linhas da Vida e da Cabeça onde formam o ângulo supremo indica avareza, maldade, difícil contentamento e maledicência, não merecendo, pois, tal indivíduo elogios nem contemplação. Se tal sujeito cair na prisão, dela não sairá limpo nem franco. E se assim não acontecer, ele languescerá para morrer miseravelmente.

Uma terceira linha, aparecendo entre as que formam o ângulo supremo, que desça no triângulo, nascendo delas, é um mau prognóstico: tal homem morrerá de morte violenta, de ferimentos, de veneno ou de pancadas. Quando uma quarta linha se juntar à mencionada será indício de espionagem, de inveja, de homem que procura só trazer os outros em embaraços.

Quando o ângulo que se acha sob o dedo médio for reto, é sinal de constituição sanguínea na mulher, e lhe anuncia que o fluxo menstrual lhe inspirará cuidados pela descontinuidade e irregularidade.

Para se averiguar se uma mulher é ou não adúltera, deve-se notar a existência no triângulo de uma estrela. E se tal figura aparecer, formando a estrela uma cauda, a mulher se casará quatro vezes.

Se o ângulo direito do triângulo for muito agudo, é prenúncio, no homem, de ser muito ativo em seus negócios; sendo grosso e apagado, é sinal de grosseria, de ignorância e de preguiça. Se o ângulo esquerdo for agudo, anuncia um grande falador, motejador, bom de espírito, sutil e industrioso. Finalmente, se o ângulo supremo for agudo, é sinal de má natureza.

Um bom triângulo atenua a miséria e, sobretudo, se for encontrada uma estrela nesse triângulo, isso significa para o homem bom comportamento. Mas se em roda do ângulo reto se encontra uma estrela bem feita, é sinal de deslealdade no homem e que ele será excitador de discórdias, maldizente, falador; obterá tudo contra o direito, a justiça e a razão, instruído na maldade, mas também terá má morte. Caso essa estrela se ache no triângulo da mão da mulher, com incisões que ela arraste para si, e se no fim dessas incisões se notar uma pequena curva, é prenúncio de que tal mulher terá diversos maridos.

Os pequenos galhos que aparecem no começo da linha da Cabeça significam crescimento da família, de fortuna e de bens.

Todas as vezes que no alto do triângulo supremo se vejam duas linhas distantes uma da outra, com um espaço entre elas e o ângulo, é mau sinal. Quatro linhas que se entrecortam em forma de cruz nessa mesma região do ângulo supremo prognosticam maldade, inveja, soberba e falta de pudor.

Sendo a linha do Destino muito longa e encontrando-se perto do pulso com a linha da Saúde, e encontrando-se perto da junção um sinal, este denuncia fins malvados no homem e, na mulher, coqueteria.

Se as linhas do Destino e da Saúde se encontrarem como está descrito acima, e a elas se juntar uma terceira linha vinda do monte da Lua, isto indica glutoneria.

Linhas que vêm dos montes de Marte e da Lua e encontram a linha da Cabeça, formando um garfo, predizem inconstância e devassidão.

Prognósticos dos dedos e dos montes

Após as principais linhas da palma da mão precisamos falar das linhas particulares de cada dedo e dos montes desses dedos, aplicando suas significações e ajuntando o papel importante que cabe aos astros sobre o que é bom e nocivo ao homem.

Quando alguém tem os dedos de maneira que os artelhos formem nós entre cada um deles, nas suas junções, como se fossem verrugas nas inflamações tortuosas, desiguais em grossura, é sinal de miséria e domesticidade no trabalho. Se forem encontradas uma dessas tortuosidades no terço das articulações, é sinal de malícia, engano, relaxamento. Os que trazem tal sinal viverão desgraçada e pobremente.

Do dedo polegar e do monte de Vênus

Quando esse monte tem declive brando e é de cor viva, anuncia amor às mulheres, ao luxo, aos ornatos e ao alinho.

Caso exista uma linha irmã da linha da Vida, paralela a ela, correndo sobre o monte de Vênus, significa que o homem não tem poder e se deleita de coisas lúgubres e secretas. Se essa linha não começa imediatamente no cimo do monte, sugere pobreza desde a mocidade da pessoa e, depois, melhor fortuna do porvir.

Os sinais do monte de Vênus anunciam sempre alguma coisa que se reparte com amor. A mulher que tiver no centro do monte de Vênus uma marca no formato da letra O será apaixonada, livre de ações e de corpo, oferecendo-o a todos imoderadamente, sendo excessiva e insaciável, posto que casada.

Às vezes há sobre o monte de Vênus quatro linhas em intervalos iguais, estendendo-se do alto do monte até a pulseira; elas prometem riqueza e honra logo após a adolescência. Tais linhas, se não nascem no cimo do monte citado, mas na junção do polegar, prognosticam o que dissemos, mas só para a velhice.

Caso, porém, tais linhas atravessem a articulação do polegar, que lhe está em baixo da unha, e lhe atinjam a juntura, anunciam honras e riquezas, tanto mais, quanto forem longas, claras e luzentes; do contrário, tanto mais escuras, tanto mais se diminuirão os bens. É um presságio de autoridade sobre os outros, e estas quatro linhas são atravessadas por outra em sentido contrário.

Frequentemente se vê uma linha pequena que parte da raiz do polegar em direção à linha da Vida. Isto significa que a pessoa perecerá pelo ferro.

Acham-se, também, linhas que nascem sob o indicador, cortam a linha da Vida e chegam até o monte de Vênus; elas predizem viagens a países longínquos.

Achando-se uma linha encarnada passando pelo monte de Vênus, isto anuncia homem sem continência, totalmente dado aos gozos carnais e que não hesitará diante de uma parenta ou mesmo protegida.

Quem tiver estrelinhas sobre o monte de que falamos é meigo e amável com as mulheres, amando os jogos e a música. Com efeito, a parte da mão que nos prende a atenção é dedicada a Vênus. E para bem estudar o homem submetido à ação de Vênus não basta somente estudar-lhe a mão: necessário é também inquirir sua fisionomia inteira. No caso de reconhecer estas linhas na mão de um homem, é bom observar seu rosto bem proporcionado, seus olhos luzentes, seu olhar satisfeito, a graça que surpreende, boca bem rasgada, belo talhe: é um homem amante de brincar sem termo médio, voluptuoso, apreciador do luxo e da preguiça, sempre inflamado de amor; procura os jogos de azar, vai às águas minerais, gosta de dança, orna-se de flores, cobre-se de joias, tem sempre o sorriso nos lábios, frequenta jantares e festas, cai frequentemente na bebedeira e daí na infâmia; e como o seu espírito está cheio com as mulheres, tem-no sempre sujo e pesado sem deleite.

Entretanto, deve-se acrescentar que pode ser facilmente enganado; ele é nobre e justo, doce e misericordioso, bom, sem malícia, amante de Deus, de uma amizade sincera, de uma felicidade sem mancha. Como aprecia a música e cuida pouquíssimo das coisas sérias, é também apaixonado pelas belas-artes, pintura e escultura, cujas artes professa. Sua felicidade está em ser frívolo e é desgraçado nas coisas grandes que empreende. Procura o ruído e gosta de gente em volta de si, entre o seu vasto círculo de conhecimentos; está longe de ser avaro, e a prodigalidade e filantropia chegarão um dia a perdê-lo. É amável e por esta qualidade é sedutor. Nada lhe vem de incômodo, nada de extraordinário o comove. Não reflete, não pensa, satisfaz-se com o que possui e rejeita tudo que possa anuviar a felicidade e a alegria.

Os que têm no monte de Vênus várias linhas sem ordem ou espaços regulares são maus, luxuriosos, difíceis, esquisitos. Eles são tão inflamados de luxúria, que procuram meios inçados de deboche, animais, monstros etc., pois a estrela Vênus presidiu o seu nascimento, e eles ficaram sujeitos à influência deste planeta.

Quando uma pequena fenda contorna o polegar, parte da primeira articulação, é sinal de má morte.

Quem tem o polegar riscado por três ou quatro linhas um pouco abaixo da articulação adquirirá riquezas, mesmo em sua mocidade. Se tais linhas se acham acima de tal articulação, terá fortuna só na idade madura, e se as mesmas linhas se aproximam à segunda articulação, tal indivíduo enriquecerá só na velhice.

A mulher cujo polegar está marcado por uma série de pequenas linhas longitudinais que partem de uma outra que contorna a sua base em direção à ponta do dedo é má, esperta e hipócrita.

Havendo um sinal na primeira juntura, o homem prosperará e será feliz cada vez mais; o sinal na segunda juntura indica avareza nos filhos. A mulher que tem pequenas cruzes sob a segunda juntura do polegar amará a Deus, seus pais, e será muito devota. A que tem uma rachadura no mesmo lugar será demandante e desleal.

Do dedo indicador e do monte de Júpiter

Júpiter é, dentre os planetas, o mais afável, bem-fazejo, mais liberal e alegre. Logo, se este monte está inteiro, é sinal de honestidade, de pureza de ações e bondade natural.

Caso do dedo indicador partam algumas linhas pálidas, significa que quanto mais distantes, maiores serão as honras e dignidades. Outros afirmam: quanto mais afastadas, maiores serão as dignidades eclesiásticas.

Uma linha que sai da raiz do dedo indicador indo direto até o ângulo da linha da Cabeça é sinal de que os que trazem tal linha são corajosos, amantes do ruído e da guerra. Se alguma pequena linha vai da linha do Coração até o monte de Júpiter, indica a mesma coisa, e ainda mais: que será infeliz em amores.

Outras linhas que atravessam a mão e vêm cortar a linha do Coração significam que o portador delas terá graves ferimentos na testa, para o futuro.

Frequentemente, certas linhas separam o dedo indicador do médio; sendo tais linhas avermelhadas, são sinal de fraqueza genital para o homem, e, para a mulher, de morte no parto.

Prognostica-se que morrerá repentinamente todo aquele que tem em sua mão uma linha que vai do fim da linha do Coração ao monte Júpiter.

Cruzes que aparecem no monte de Júpiter significam aumento de dignidades; quanto maior for o número de linhas de tal maneira nas mãos de um padre, mais ele deve esperar honras eclesiásticas. Os que trazem tal marca são chamados alegres, ou melhor, joviais, do termo latino *Jovis* (Júpiter), planeta que preside os que nasceram sob a sua benéfica influência, os quais, além de alegres, serão claros, crespos, de belos olhos: eles dão-se a festanças e à preguiça; e são de natureza corajosa, orgulhosa, tendo vastos projetos a realizar, dando mais do que possuem, desejando governar os outros, se ocupando de altos negócios, desprezadores de mediocridades. São também honestos, nobres, amantes de glória, de reputação, cheios de amor próprio; são de grande boa fé, têm horror à hipocrisia, desejam a paz, amam a sabedoria e o estudo, a prudência e os bons conselhos, e são eloquentes e persuasivos. São firmes e constantes, felicíssimos a ponto de causarem inveja, são amados e protegidos; os poderosos os recomendam e os ministros os estimam; amam sua mulher e seus filhos, são caritativos, enfim, são felizes em heranças e sucessões. Júpiter, que os submete à própria influência, lhes faz gostar de carne de porco, e por isso estão algumas vezes doentes.

A mulher que tem pequenas estrelas com um semicírculo no monte de Júpiter é má e lúbrica.

Linhas que se curvam de diversas maneiras, dividindo o índice em sua parte extrema ou na última falange, denotam maldade e impureza de costumes na mulher. Do contrário, denotam castidade e pudor.

Uma cruz viva, clara, de boa cor, no monte de Júpiter é sinal certo de grande herança, de abundantes riquezas vindas pela família ou por pessoas estranhas.

O dedo de Júpiter pode ter diversos sinais. O sinal da primeira juntura significa adultério; o da segunda, riquezas; os outros sinais só prognosticam o bem.

Se na mão de uma mulher existem várias linhas, indo de largo e através da última juntura do dedo indicador, isto significa que terá grandes heranças pela morte de seus parentes. Estando tais linhas na articulação central, a herança lhe será disputada e perderá a sua parte em advogados e custas. Júpiter anuncia à mulher que será difícil de costumes, porque fará questão de tudo em suas particularidades domésticas. Verificamos frequentemente que ela terá filhos em grande porção, se achar-se nas disposições acima descritas.

Do dedo médio e do monte de Saturno

Se o monte de Saturno é completo, elevado, arredondado, se não tem rugas nem cisões, é sinal de simplicidade, anúncio de homem laborioso, leal e cuidadoso.

Uma linha que vem da linha do Coração e corta o monte de Saturno denota uma existência mesquinha e aborrecida. Nessa mesma região, várias linhas como aquela são sinal de pobreza, de tristeza, vida laboriosa, e que se há de passar alguns anos na prisão, injustamente.

Quando alguma linha se curva após o dedo anular, tendendo o monte de Saturno, prenuncia um preguiçoso que ama o sono e se cansa à toa.

Da mulher que tem várias linhas entre os dedos médio e anular, descendo pelo seu comprimento, ao mesmo tempo que ela as tem entre os dedos anular e mínimo, hão de vir filhos homens.

Se for vista uma pequena cruz na mão de uma mulher na falange desse dedo, é sinal de esterilidade; para o homem é sinal de riquezas. Este sinal é bom para o homens, e mau para as mulheres.

Os que estiverem diretamente sob a influência de Saturno são muito pálidos, de pouco belo rosto, olhando a terra quando andam; são magros e muitas vezes corcundas; alguns têm maus modos, porque Saturno os faz cheios de malícia, de finura; eles gostam de estar sós, são egoístas e não ajudam os outros; não têm atenções para com seus amigos, comem ordinariamente pouco mas bebem demais, não têm descanso de espírito; a angústia os molesta e preferem buscar lugares distantes, perto de estranhos, para aí se estabelecerem e morarem. Falam pouco, são frios, débeis, doentios. Sua voz é baixa. A inveja e o ciúme os dominam, mas são perseverantes em suas ideias, mais do que ninguém. Eles não amam as mulheres senão pelos prazeres carnais, necessidades passageiras; por isso morrem frequentemente sem filhos. Eles amam a cor preta; em tudo que os rodeia veem pintado o preto. Fazem caso dos sonhos, que creem ser avisos divinos; entretanto, olham as coisas sérias sem a importância que merecem.

Do dedo anular e do monte do Sol

Os que estão sob a influência do Sol têm belos dedos.

Se há no monte do Sol algumas linhas pequenas desde a sua raiz até a linha do Coração, prognosticam entendimento fino, muito juízo e experiência da vida, espírito reto, dado às ciências, presunçoso, eloquente, grave e muito apto às dignidades eclesiásticas.

Tais linhas são, por vezes, distintas umas das outras e paralelas; então significam que o homem não tem estilo, mas é muito nobre e honesto na conversação. Elas chegam certas vezes, quando tais pequenas linhas se entrecortam de várias formas, a prognosticar no homem e na mulher um futuro que se transmitirá com respeito por muitos séculos.

Quando as mesmas linhas não tocam nem o dedo nem a linha do Coração, mas se ajeitam de um modo variável, são um sinal de mudança de vida.

Há também outra linha a se notar: quando duas linhas curvas, paralelas e iguais se estendem na mão saindo da pulseira, são sinal de felicidade, de dignidade e de tudo que seja virtude, como prudência, grandeza, ciência, liberdade de alma, amor ao seu país e elevação de caráter.

O dedo anular pode apresentar muitos sinais consagrados ao Sol. Há nele uma linha no alto que significa longa vida e prosperidade; os demais sinais não são de muito bom augúrio.

Caso pequenas linhas corram sobre a primeira juntura, significam, na mão de uma mulher, que ela se enriquecerá e se honrará com a morte de seu marido; ela se tornará devota sem, todavia, se tornar freira.

Do dedo mínimo e do monte de Mercúrio

Se o monte de Mercúrio está bem unido e chato, é um bom sinal. Quando ele está convenientemente disposto desta forma, indica que o homem é constante, inteligente, leal e corajoso em extremo. Em uma moça é sinal de pureza e inocência.

Uma linha que saia da linha do Coração, grossa, bem corada, circundando a raiz do monte de Mercúrio é sinal de liberdade. Demais linhas semelhantes que começam na borda da mão, abaixo do dedo mínimo, anunciam tantas núpcias quantas elas forem. A ciência da

Quiromancia ensina que se deve ter em conta o comprimento, a cor e a tenuidade dessas linhas, para avaliar os efeitos delas. As linhas pálidas anunciam o número das núpcias passadas; as que são compridas, as que ainda virão.

Se algumas destas linhas são curvas e não paralelas, descendo do dedo mínimo para o centro da mão, denotam grandeza de alma e bondade natural. É importante notar que, caso aconteça nas mulheres terem tais pequenas linhas tortas na parte superior do dedo de Mercúrio, isto é sinal, sem exceção, de insolência, coqueteria, inconstância e gênio variável.

A fisionomia dos que estão submetidos à ação de Mercúrio é a seguinte: são de cor entre o branco e o preto, sem serem caboclos ou morenos; têm a fronte alta e a face redonda, têm belos olhos, barba negra mais rala, corpo fino, lábios tensos, nariz pontudo, voz alegre, viva, pronta, movimentada e encantadora. São lúbricos, mas fiéis; mentirosos, mas aventureiros; tem fé em Deus, mas não são supersticiosos, sendo tolerantes para os que não pensam como eles. Enfim, trata-se de tipo meio poeta, matemático, de leis, público, literato, linguista, pintor, filósofo, modesto, prudente, orador; gosta de coisas misteriosas, por afinidade e por temperamento.

No dedo mínimo ocorrem sinais de Mercúrio. Se na primeira juntura do dedo mínimo há um sinal gravado, isto denota um homem estudioso, lógico, orador, presunçoso, arrogante, desafrontado e injuriador. Se os sinais gravados estão na segunda juntura, trata-se de pessoa pouco recomendável. Enfim, achando-se o que está gravado na terceira juntura, é prognóstico de pobreza.

Do monte da Lua e da base do triângulo

Um triângulo perfeito é sinal de saúde do corpo e do espírito. Não sendo bem visível, anuncia doenças, indigestões, tonturas, dores nos rins, sobretudo se for pálido.

Quando a linha da base do triângulo é vermelha, mais do lado da linha da Vida do que da linha da Cabeça, prediz loucura e próxima entrada para o hospício. Sendo vermelha na parte oposta, traduz mau hálito e respiração ofegante.

Quem tiver sinais lunares será preguiçoso, desleixado, inconstante, pobre em sua mocidade, com meios confortáveis no meio da vida, depois miserável no fim da existência.

Quando linhas sobem da pulseira pelo monte da Lua, indicam preguiça. Caso tais linhas cheguem ao monte de Júpiter, denotam um homem estúpido e imundo; e, na mulher, falta de cabeça.

Se no monte da Lua aparece um — O —, é sinal de perda de um olho; sendo dois — OO —, anuncia a perda dos dois.

A fisionomia ou natureza dos que estão sujeitos à influência da Lua é observada no homem de pele branca, pouco corado nas bochechas; ele tem as sobrancelhas juntas, o rosto e o maxilar inchados, os olhos desiguais.

Do campo de Marte e do monte de Marte

Marte indica homem belicoso e que terminará seus dias pelo ferro. Três signos visíveis no monte de Marte denotam presunção, opinião inabalável, severidade; e se quatro sinais aí estiverem, denotam que a pessoa dissipará o seu patrimônio, acabando por oprimir seus parentes.

Tendo no triângulo do campo de Marte um outro nele formado, isto é prenúncio geral de tudo o que dissemos acerca de Marte. Quanto maior for esse segundo triângulo, mais a mulher será má, sobretudo se ele for largo, bem feito e a fisionomia vier confirmar esta asserção.

Quem está sob o influxo de Marte tem o rosto avermelhado, poucos cabelos, olhos pequenos, corpo direito e alto, olhar ardente e falso, audácia; é avaro, enganador, ladrão, impaciente, homicida, perjuro e falsário.

ONIROMANCIA
A PREVISÃO DO FUTURO POR MEIO DA INTERPRETAÇÃO DOS SONHOS

Prólogo

Sonho é o conjunto de ideias ou imagens que se apresentam ao espírito de quem dorme, para antecipá-lo sobre a sorte que lhe está reservada. Não é simples quimera afirmar-se que todo sonho tem uma significação.

A mais antiga tradição ensina que os sonhos predizem o futuro, e para reforçar esta asserção basta reportar-se ao Antigo Testamento, que diz que, Jacó dormindo, em um lugar ermo chamado Betel, sonhou que via uma escada que tocava o céu, e que subia e descia por ela uma multidão de anjos. Foi o próprio Deus quem lhe deu a interpretação do que vira em sonho, dizendo significar numerosa posteridade. O que se confirmou, pois Jacó é o pai do povo israelita.

O sonho é, não raro, um aviso da Divina Providência ao homem, para se corrigir de suas faltas e assim evitar o que por Ele seria decretado, caso não o fizesse.

Os sonhos, muitas vezes, avisando o que há por suceder à humanidade, permitem que ela se previna com meios para lhe abrandar as consequências. Foi assim que José, filho de Jacó, pela interpretação de dois sonhos do faraó (o das sete vacas magras e das sete vacas gordas), salvou de perecer à fome um povo inteiro, estabelecendo celeiros em todo o Egito para os sete anos em que deveriam falhar as colheitas.

Não é tolice afirmar-se que os sonhos predizem o futuro que está reservado a cada pessoa. José narrou, aos seus onze irmãos, que vira onze estrelas, o Sol e a Lua prostrando-se a seus pés; e como a significação era que os seus onze irmãos, seu pai e sua mãe o teriam de venerar no futuro, José foi pelos próprios irmãos vendido aos egípcios. No Egito, de fato, ele teve ocasião de ver realizado este seu sonho.

Outro exemplo está em José interpretar os sonhos do padeiro-mor e do copeiro-mor do Faraó.

A um predisse que daí a três dias seria morto, e ao outro que daí a três dias seria solto do cárcere e reintegrado no seu antigo posto junto a Faraó. E assim se deu.

O mundo fantástico dos sonhos

Segundo Cipriano, em conjunto com alguns dos mais notáveis cabalistas da Antiguidade, os sonhos têm reflexo profundo no que esteja para acontecer na nossa vida, funcionando como uma espécie de previsão. Ocorrem sonhos, também, que são como uma afirmação do que ocorreu conosco.

Portanto, a fim de que o leitor se veja em condições de interpretar alguns dos seus sonhos, damos elementos essenciais que se destacam nos mesmos, considerando-se que em todo sonho um elemento é constante, realçado. Para facilitar o uso, observe-se a ordem alfabética dos elementos.

A

ABANDONO – (de um protetor) — devassidão, libertinagem.
ABANDONAR – (o Estado) — perda por má-fé.
ABADESSA NO CONVENTO — orgulho, malícia.
ABELHAS – (para o cultivador) — lucros e proveitos fáceis. — (para pessoas ricas) — desassossego, inquietação. — (matá-las) — perda, ruína total. — (pondo mel em casa) — sucesso imediato. — (sendo pegas) — ganho notório.
ABERTURA – (em parede ou muro) — esperança de melhoras.
ABRAÇOS – (parentes ou amigos) — traição à vista.

ABRIGO – (procurar contra chuva) — pena secreta. — (em tempestades) — bons preságios.
ABRIGOS – (encontrá-los) — miséria, desespero.
ABUNDÂNCIA – segurança falsa, possibilidade de queda.
ABUTRE – doença longa, geralmente mortal.
ACADEMIA – (de sábios) — tristezas. — (de jogos) — enganos.
ACLAMAÇÃO – (pública) — regozijo, consagração.
ACUSAR – (terceiros de crime) — tormentos próximos.
ADÃO E EVA – adoção de uma criança.
ADOÇÃO DE MENINOS – contrariedades.
ADORAÇÃO – (Deus, pai e mãe) — alegria, satisfação imensa.
ADULTÉRIO – escândalos, contendas breves.
AFOGADO – (ver um) — triunfo dos inimigos.
AGONIA – perda de sucesso.
ÁGUA – (clara) — bom preságio. — (turva) — dignidade. — (bebê-la quente) — perigo dentre os inimigos. — (bebê-la fria) — cuidado, aflição breve.
AGUARDENTE – sofrimentos, grandes dores físicas.
ÁGUIA – (gerar uma) — grandeza, prosperidade, fama. — (circulando no ar) — bom sucesso nos projetos. — (voando sobre quem sonha) — honrarias. — (montá-la e sair voando) — perigo de morte para quem monta. — (caindo com a cabeça para baixo) — morte de parente.
AGULHAS – inquietação, desgraça imprevista.
ALAMBIQUE – inquietação, tormentos.
ALDEÃO – desleixo.
ALDEIA – perda de dignidades.
ALECRIM – realização de projetos.
ALFAIATE – infidelidade.
ALFINETE – contradições.
ALGEMAS – livramento, desembaraço, progresso.
ALHO – contendas, litígio e revelações de coisas ocultas.

ALMANAQUE – necessidade de proceder com mais regularidade.
AMÊNDOAS – (ver) — riqueza. — (comer) — dificuldades próximas.
AMIGOS – (rir com eles) — ruptura próxima, infidelidade.
AMORAS – (comer) — desgostos, feridas.
AMOREIRA – (ver uma ou muitas) — fertilidade, abundância de bens.
ANÕES – ataque de inimigos ridículos.
ANCHOVAS – fortuna polpuda próxima.
ÂNCORA – possibilidade de êxito nas esperanças.
ANDORINHA – honestidade do ente amado. — (entrando em casa) — notícias breves de amigos.
ANIMAIS – (morrerem) — fortuna.
ANJO OU SANTO – (ver) — aumento de honras.
ANEL – (receber de alguém) — segurança em negócios.
ANZOL – engano, abuso de confiança.
APOSENTO – tristeza.
AQUEDUTO – fortuna patrimonial.
AR – (puro e sereno) — amizade e estima de terceiros, reconciliação. — (sombrio, nebuloso) — tristeza, desprestígio, doenças. — (suave e perfumado) — vida pacífica, sucesso em viagens.
ARANHA – (tocá-la) — benefícios em dinheiro. — (matá-la) — perda próxima de fortuna.
AREIA – dúvidas e incertezas.
ARCEBISPO – aviso de morte.
ARCO-ÍRIS – comodidade, saúde (restabelecimento). — (sobre a cabeça do sonhador) — pobreza, perigo de vida.
ARLEQUIM – (ver um) — desgosto breve e passageiro.
ARMAS – (ter um monte delas) — honrarias que receberá.
ARRANHADURAS – aflições.
ARROZ – (comer) — abundância excessiva.
ARSENAL – boatos de guerra, contenda indígena.
ÁRVORE – (derrubar uma) — crueldade e perdas. — (cair dela) —

perda de emprego ou de proteção.

ÁRVORES – (verdes ou floridas) — alegria, receio inesperado. — (queimadas) — desespero, dor próxima. — (sem flores) — expiação. — (secas) — perda em negócio. — (flores grandes) — alegria, satisfação. — (carregadas de frutos) — riquezas próximas. — (colher frutos de uma) — herança.

ASSADO – (comer) — ganho, esperanças. — (ver) — melhora de possibilidades.

ASSOBIO – perigo pessoal, intrigas.

ATIRADOR – surpresas próximas.

AUDIÊNCIAS – luto, morte de parente.

AUSÊNCIA – tempestades terríveis, incêndios.

AVENTAIS – servilismo, subserviência.

AZEITE – (derramado) — perda infalível. — (derramado sobre si) — lucros polpudos. — (colhê-lo) — grandes proveitos.

AZEITONAS – (na árvore) — liberdade, paz e amizade, sucesso no amor. — (no chão) — trabalho inútil. — (colhê-las) — ganho próximo e certo.

B

BACIA – (cheia d´agua, sem usar) — morte em família.

BAILE – alegria, prazer, sucessão.

BAINHA – denúncia de segredo.

BAIXELA – comodidade.

BALANÇA – casos na justiça.

BALÃO – progresso passageiro.

BALEIA – grande perigo próximo.

BANANEIRA – casamento vantajoso, ganho de causa, herança.

BANCO – oferta enganosa de serviços.

BANHAR – (em água limpa) — sucesso e saúde. — (em água turva) — perda de um amigo.

BANHO – (preparar) — notícia que nos interessa, prosperidade.
BANQUETE – (gozá-lo sozinho) — avareza. — (acompanhado) — prodigalidade.
BARBA – (tê-la grande) — persuasão, perspicácia. — (negra) — perda e cuidados. — (ruça) — erro próximo. — (arrancada ou feita) — perda de bens, de honras ou parentes — (não ter naturalmente) — riqueza. — (ter muito trabalho em arrancá-la) — empresa ruinosa, aumento de miséria para o sujeito de quem a arrancaram. — (em uma moça) — casamento pronto e vantajoso. — (numa mulher casada) — morte do marido ou abandono próximo. — (em uma mulher grávida) — nascimento de um filho. — (levá-la) — tristeza. — (vê-la seca) — alegria. — (vê-la fazer a outrem) — mau sinal.
BARBEAR-SE – perda de bens.
BARRAS – (jogo) — concorrências para um emprego ou para o comércio.
BARRETE – (de dormir) — instante de deixar os negócios.
BARRIS OU TONÉIS – abundância.
BATEL – (passar alguém sobre a água dentro de um) — alegria, prosperidade.
BEIJAR – (a terra) — humilhação e pesar. — (as mãos a alguém) — amizade, boa fortuna. — (o rosto) — temeridade seguida de bom sucesso.
BELA – (achar-se com a sua) — tentação.
BEM – (fazê-lo) — nímia satisfação.
BERÇO – (de criança) — fecundidade. — (de verdura) — pezar, cuidado.
BESTAS – (vê-las alguém correr) — penas amargas. — (ser delas perseguido) — ofensa da parte dos inimigos. — (ouvi-las ornear) — tristeza. — (lutar com elas) — sofrimento, enfermidades. — (sonhar matá-las) — prazer, saúde.
BEXIGA – falsa glória, orgulho.
BIBLIOTECA – sábio ou letrado a consultar.

BICHO-DA-SEDA – amigos caridosos e benfeitores.
BIGODES COMPRIDOS – aumento de fortuna.
BIGORNA – trabalho, segurança.
BILHA – perda por incúria pessoal ou de outrem.
BILHAR – negócio arriscado, ganho incerto.
BILHETE – (de loteria, se alguém lhe ver os números) — bom sucesso — (se não os vê) — despesa inútil, prodigalidade.
BISCOITO – (comê-lo alguém) — proveito, saúde.
BISPO – grande personagem.
BOCA – (tê-la qualquer fechada, sem poder abri-la) — perigo de morte. — (tê-la infecta) — desprezo público, traição de criados. — (maior do que deve ser) — aumento de honras e opulência em sua casa.
BODAS – pequena satisfação.
BOFE – (ser nele ferido) — perigo eminente, desejos frustrados.
BOI – criado fiel e muito útil, paz interior.
BOIS – (vê-los gordíssimos) — bom tempo, felicidade próxima. — (magros) — carestia de grãos, fome. — (olhá-los quando sobem) — mal e fadigas. — (brancos, que saltam) — honra, proveito e dignidade. — (pretos) — perigo iminente. — (avermelhados) — risco de vida. — (lavrado) — vantagem inestimável. — (sem pontas) — inimigo desarmado.
BOLA – (jogar uma) — boa fortuna. — (vê-las rolar diante de si) — demora de fortuna. — (jogá-la em campo) — trabalho e pena em adquirir haveres, contendas, injúrias.
BOLSA – (cheia) — desgostos, pena, miséria, avareza. — (vazia) — comodidade, contentamento de espírito.
BORBOLETAS – inconstância.
BORDADURA – (ver bordar) — ambição.
BOTAS – (tê-las ou calçá-las novas) — bom sucesso e ganho.
BOTELHAS – alegria. — (quebradas) — tristeza.
BOTICÁRIO – sofrer usura, receber injúrias.

BRAÇO – (tê-lo cortado) — morte de um parente ou criado, se for o direito; de mulher, se for o esquerdo. — (ambos os braços cortados) — cativeiro ou doença.

BURRO – (pessoa inepta ou ignorante) — criado fiel ou zeloso.

C

CABALA – (no teatro) — bacharelice, ditos malédicos.

CABANAS – (nos bosques) — trabalho penoso.

CABEÇA – (ver uma sem corpo) — lucro. — (lavar a sua) — afastamento de perigo.

CABEÇA – (cortar a de um frango) — alegria de gosto. — (de javali) — recebê-la: triunfo sobre um inimigo.

CABELEIREIRO – perigo próximo.

CABELOS MAL PENTEADOS – amizade, fim de maus negócios.

CABRAS – (brancas) — lucros. — (pretas) — infortúnio.

CAÇA – acusação de gatunice.

CACHIMBO – guerra ou combate singular.

CADEIAS – melancolia. — (quebrá-las) — tormento.

CADEIRAS – distinção.

CÃES – precaução, valhacouto.

CAFÉ – (vê-lo queimar) — pena e tribulação.

CAIR NA ÁGUA – (se o sonhador acorda sobressaltado) — ciladas de inimigos.

CAIXINHA – (tê-las ou tomá-las novas) — sucesso e ganho.

CAJUS – (gosto) — saúde. — (comê-los) — notícias. — (azedos) — lágrimas.

CALÇADA – mau recolhimento.

CALÇÕES – segurança.

CALHANDRA – elevação rápida.

CAMELO – riqueza.

CAMINHO – (seguir um direito e fácil) — alegria, prosperidade, bom sucesso.

CAMISA – prosperidade vindoura.
CAMPAINHA – (agitar uma) — dissensão caseira.
CAMPANÁRIOS – fortuna, poder, elevação.
CANAL NAVEGÁVEL – grande lucro.
CANHÃO – (ouvi-lo disparar) — ruína próxima. — (vê-lo) — surpresa danosa.
CANIVETE – inconstância, infidelidade conjugal.
CANTAR – (ouvir cantar uma mulher ou rapariga) — aflição e lágrimas. — (homens) — esperança.
CÃO – (brincar com um cão) — dano. — (com muitos) — avareza.
CANTOR OU CANTORA – gemidos.
CÂNTICOS – (entoá-los) — fraqueza, enfermidade.
CANTO DOS PÁSSAROS – amor, alegria, prazer.
CAPÃO DOS PÁSSAROS – tristeza, aborrecimento.
CAPUCHO – reconciliação, esquecimento de faltas.
CÁRCERE – (fortaleza) — resistência imprevista.
CARDEAL – aumento na profissão que alguém exerce.
CARDOS – (cortá-los) — preguiça.
CARNIFICINA – perda de filhos ou de fortuna.
CARRO ELEGANTE – elevação imerecida. — (apear-se alguém dele) — perda de postos ou dignidades.
CARTAS OU DADOS – (jogar) — embustes, perda de haveres por calúnia pérfida.
CARTAS – (escrevê-las a amigos ou deles recebê-las) — boas novas.
CARTAZES – (pregá-los) — desonra. — (lê-los) — trabalho infrutífero.
CARTEIRA – mistério.
CARVÕES – (comê-los) — prejuízos.
CASA – (edificar uma) — consolação.
CASAMENTO – (contraí-lo) — tempo feliz.
CASTELO – bom sinal.
CAVA, ADEGA – doença próxima.
CAVALEIRO – (derrubado do cavalo) — perda.

CAVALARIA NUMEROSA – grande cuidado.
CAVALO – feliz agouro.
CEGONHA OU GROU NO AR – chegada de inimigos ou ladrões.
CEIFEIROS – prosperidade comercial.
CEMITÉRIO – prosperidade próxima.
CÉU – (ver-se nele um fogo moderado, puro e luzente) — perigo que corre algum príncipe ou grande.
CÉREBRO – (tê-lo são) — sabedoria e bom sucesso.
CERVOS OU GAMOS – (vê-los) — ganho.
CEVADA – (tocá-la ou passar-lhe as mãos) — alegria, lucro.
CHÁ – acumulação de negócios
CHAMINÉ – alegria, especialmente tendo fogo aceso.
CHAPÉU-DE-SOL – mediocridade.
CHAPÉU ROTO OU SUJO – danos, desonra.
CHARRUA PUXADA – desespero.
CHAVE – próximo acesso de cólera.
CHEIROS – (pô-los na cabeça) — orgulho, presunção, jactância.
CHOCOLATE – (tomá-lo) — alegria e saúde.
CHORAR – alegria, consolação.
CHUMBO – acusação, severidade.
CHOURIÇOS – (fazê-los) — paixão.
CHUVA – (estar dela molhado) — aflição, tédio.
CIDADE – (incendiada e consumida) — fome, guerra ou peste.
CIDRA – (bebê-la) — disputa, animosidade.
CIFRAS – (menos de 90) — incerteza.
CIGARRAS, GAFANHOTOS, BESOUROS, GRILOS – faladores insuportáveis.
CISTERNA – (cair nela) — calúnia.
CLISTER – negócios enredados.
CODORNIZES – ciladas, questões, furtos.
COELHO – fraqueza.
COFRE – (cheio) — abundância.

COLCHETES – trabalho de imaginação.
CÓLERA – remate de um negócio há muito tempo indeciso.
COLAR – honra, cerimônia.
COLÉGIO – (estudos) — alegria duradoura.
COLOSSO – ruína próxima.
COLUNA – (sua queda) — sinal de morte próxima.
COMBATE – risco de perseguição.
COMÉDIA – (vê-la representar) — sucesso seguro.
COMETA – (vê-lo) — discórdia e pena.
COMERCIAR – (em lã) — lucro.
COMÉRCIO – (empregar-se no seu) — favor próximo.
COMUNGAR – segurança em negócios.
COMPANHIA – (conversar em) — perigo de morte.
COMPRAS – (fazer compras) — ganho.
CONCHA VAZIA – perda de tempo ou crédito.
CONDENADOS – (nas chamas e cruelmente atormentados) — tristezas, arrependimentos, tédio, melancolia, doença.
CONFESSOR – dar ordens aos seus negócios.
CONSELHOS – (dá-los) — perda de amigos.
CONTRATADOR DE BESTAS – impostura, velhacaria.
CONVULSÕES – bancarrota fraudulenta de um devedor.
COPO D'ÁGUA – (receber um) — pronto matrimônio ou nascimento de criança.
CORDAS OU CORDÕES – embaraço, fadiga.
CORDEIROS – (crescidos ou dormindo) — temor súbito. — (tê-los) — consolação. — (levá-los à cabeça) — prosperidade futura. — (matá-los) — tormento. — (ser afagado por alguns) — esperança lisonjeira.
COROA DE OURO – (sobre a cabeça) — favor do príncipe ou proteção de um grande.
COROA DE PRATA – boa saúde.
CORRER – fortuna, presságio, dita. — (assustado) — segurança. — (após seu inimigo) — vitória, lucro. — (nu) — perfídia de paren-

tes. (olhar pessoas correndo umas atrás das outras) — contendas, desordens. — (se forem rapazes) — alegria, bom tempo.

CORUJA – desastre ou desgraça.

COSTA – (subir uma) — padecimento nervoso. — (descê-la) — nova agradável.

COXAS – (mais grossas e fortes que as naturais) — parentes com elevadas dignidades, o que redundará em proveito de quem as tem.

CREDOR – (receber-lhe a visita) — segurança nos negócios, misturada com algum susto.

CRIADA – suspeitas.

CRIMINOSO – (ver algum) — morte de várias pessoas conhecidas.

CRUELDADE – (praticar uma) — tristeza, descontentamento.

CUCO – (vê-lo ou ouvi-lo) — prazer, boa sorte.

CRUZ – salvação, honra, perigos que se evitaram. — (vê-la em alguém) — tristeza.

CURA OU PADRE – mau presságio, especialmente para doentes e criminosos.

CIPRESTE – morte, aflição ou demora em negócios.

CISNES – riqueza e poder. — (negros) — desavença entre casados. — (cantando) — morte.

D

DADOS – (jogar os dados) — estar em risco de perder seus bens. — (ganhar nesse jogo) — herança de algum parente.

DAMAS – (ver muitas) — bacharelice. — (de jogo) — incerteza, cálculos longos e penosos.

DAMASCO – (ou outros frutos, vê-los ou comê-los) — prazer, contentamento.

DANÇAR – (o sonhador) — doença próxima. — (ver dançar os outros) — bom sucesso.

DATA – (comemorar alguma) — negócios concluídos.
DEDAL – busca vã de trabalho.
DEDOS – (queimá-los) — inveja e pecado. — (cortados) — perda de amigos ou criadas.
DEITAR-SE – (a mulher com seu marido, quando ele está ausente) — más novas, tristeza próxima. — (o esposo com sua esposa) — alegria, lucro. — (a mãe com a filha) — consolação, ou, antes, resignação necessária.
DENTES – (sentir cair um) — perda de uma amiga. — (dianteiros) — filhos.
DENTISTA – mentira, engano.
DESENHAR – amizade permanente.
DESENHO – proposta que se deve recusar.
DESENTERRAR UM MORTO – impiedade.
DESERTOR – notícias de um ausente.
DESMAIO – doce voluptuosidade.
DESPEJADO – ditos injuriosos contra a pessoa que sonha.
DEUS – (vê-lo face a face) — consolação e alegria. — (falar-lhe) — júbilo e felicidade pura. — (se Ele estende o braço para o sonhador) — bênção, graças divinas, prosperidade.
DIABO – (com pontas, unas, cauda e forcado) — desespero, tormento. — (conversar com ele) — tentação próxima, desesperação, perda de bens ou de vida. — (ser por ele arrebatado) — presságio de grandíssimo desastre. — (combatê-lo) — triunfar de inimigos, glória, satisfação.
DIAMANTES – falsa aparência de fortuna. — (apanhá-los) — perda, desgostos.
DIARREIA – doença, perda, desgostos.
DIFAMAR ALGUÉM – enfermidade, dores.
DILÚVIO – perda de colheita, de vindima.
DINHEIRO – (contá-lo) — ganho considerável. — (vê-lo somente) — cólera. — (gastá-lo) — perdas próximas. — (achá-lo) — fortuna vindoura.

DISCIPLINA – (dá-la a si mesmo ou recebê-la) — penitência para fazer, castigo a temer. — (dá-la a outrem) — imprudência, temeridade.
DOCES – (comê-los) — enganos.
DOENTES – (vê-los) — tristeza, prisão.
DORES – prova de que o sonhador sairá bem.
DORMIR – tranquilidade enganosa.
DOSSEL – tesouro oculto.
DOURADURA – ganho, felicidade.
DRAGÃO – riquezas, tesouros, visita a um superior, a um togado, a um grande.
DRAGONA – dignidade, especialmente em toga.
DUELO – desavença entre casados ou entre amigos, rivalidade perigosa.

E

ECLIPSE – (do Sol) — perda notável. — (da Lua) — dano medíocre.
ÉGUA – (bela e vigorosa) — esposa rica, moça formosa.
ELEFANTE – receio e perigo de morte. — (dar-lhe de comer e beber) — amizade entre parentes. — (vê-los ou possuí-los) — amizade e fim de tormento.
EMBARAÇO – (achar-se em algum) — quanto maior ele for, mais será o negócio projetado.
EMBOSCADA – (armar uma) — precauções a tomar. — (cair nela) — empresa segura.
EMBRIAGADO – (estar) — aumento de fortuna, volta de saúde.
EMAGRECER – desgostos, pleito, perda de bens, perigo de doença.
ENCANTO – (formar um) — audácia e malefício. — (ser dele o objeto) — perda do comércio.
ENFAIXAR – (uma criança) — bom sucesso insignificante.
ENFERMO – (ver alguém enfermo) — aflição. — (estar enfermo) — ausência de todos os males.
ENTERRADO – (sê-lo vivo) — risco de infortúnio para o resto da vida.

ENTUMECIMENTO – trabalho, fadiga.
ENXOFRE – pureza, justificação.
ERVAS CRUAS – dores, embaraços nos negócios. — (comê-las) — pobreza, doença.
ESCADA – (subi-la) — glória pouco sólida. — (descê-la) — tormento e penas.
ESCALAR – (uma casa, um sítio escarpado) — vitória, bom sucesso.
ESCARLATE – (vestido dessa cor) — dignidade, poder, grande autoridade.
ESCOLA – (escolares) — travessura, malícia.
ESCORPIÃO – cilada, infortúnios.
ESCREVER – (uma carta) — notícia. — (uma memória) — acusação.
ESMOLA – (dá-la) — privação, mediocridade. — (recebê-la) — tristeza, desespero.
ESPADA – vitória e segurança em empresas. — (receber um golpe dela) — desolação, temor. — (ter uma) — poder confiado. — (ver uma) — traição.
ESPÁDUAS – (inchadas) — riqueza para mulher do sonhador. — (inchadas, pisadas etc.) — aborrecimento de parte da família.
ESPARGOS – (a prumo) — bom sucesso de empresa. — (comê-los) — confiança inspirada.
ESPELHO – traição.
ESPIAR – serviços vergonhosos.
ESPINGARDA – (dar um tiro de espingarda) — proveito enganoso, tédio, cólera.
ESPINHOS – (vê-los) — maus vizinhos. — (ser por eles picado) — perigo na fortuna ou emprego do sonhador.
ESPIRRAR DE NOITE – longa vida.
ESPONJA – avareza, má fé.
ESPOSA – (sonhar alguém que esposa) — doença, melancolia.
ESTALAGAEM – (alojar alguém nela) — repouso misturado com inquietação fundada.

ESTALO – hospitalidade, acolhimento favorável.
ESTANDARTE – (vê-lo flutuar) — perigo, temores fundados. — (apunhalá-lo) — honra.
ESTANTE DE COURO – jovialidade fina e delicada.
ESTÁTUA – (vê-la) — pena, tristeza.
ESTERCO – vergonha e proceder devasso.
ESTOJO – descoberta de objetos roubados.
ESTÔMAGO – (ter dores neles) — dissipação de fortuna.
ESTORNINHO – prazer insignificante.
ESTREIAS – (recebê-las) — miséria, pesar, tédio.
ESTRELAS – (claras e brilhantes) — prosperidade, lucro em jornada, boa nova, sucesso próspero. — (sombrias e pálidas) — desgraça extrema. — (brilhantes na casa) — perigo de morte para o chefe de família. — (caindo do céu) — ruína de uma casa grande. — (caindo através do telhado) — doença, abandono de morada, incêndio.
ESTRIBO – viagem próxima.
ESTUDAR – (sonhar alguém que estuda) — alegria e contentamento de espírito.
EXÉQUIAS – (de um parente, de um amigo, de um grande) — felicidade, riqueza, sucessão, casamento vantajoso. — (de um incógnito, de uma pessoa pouco importante) — maledicência, enredos ocultos.
EXÍLIO – (ver alguém ir para o exílio) — lágrimas, ultrajes. — (ir o sonhador para ele) — grande sucesso, a despeito da inveja.

F

FACADA – (receber uma facada na garganta) — injúrias ou violência.
FACAS – (vê-las) — injúrias, contendas. — (em cruz) — briga, morte.
FACE – (tê-la bela) — honras, longa vida.
FACES – (gordas e vermelhas) — prosperidade interrompida. — (magras, chupadas ou amarelas) — adversidade súbita.

FALCÃO – (ter um em pulso) — honra.
FALAR – (com animais) — mal e sofrimento.
FANAL, FAROL, LANTERNA – bom sucesso, honra, lucro.
FANTASMA OU ESPÍRITO (trajado de branco e belo de rosto) – consolação e alegria. — (negro e horrível) — tentação e engano. — (ver muitos fantasmas) — estado angustioso.
FARINHA – morte na vizinhança. — (queimá-la) — ruína súbita.
FAVAS – (comê-las) — contendas, dissenções, doença.
FEBRE – desejos ambiciosos, extravagantes.
FECHADURA – roubo e perda de roupa.
FEIJÕES – crítica e maledicência da parte de um subalterno.
FEITA – tormento, desassossego, precisão.
FEL – (derramado no copo) — cólera contra os criados, contenda doméstica, perda no jogo, ataque de ladrões.
FENO – (ver um bom feno) — acidente molestoso.
FERIDA – (receber uma de um lobo) — inimigos pérfidos. — (curar-se de uma) — exaltação, ostentação. — (curar uma de outrem) — serviços que serão pagos com ingratidão.
FERRAR – (ver ferrar um cavalo) — estorvo, penas.
FERRO – (pensar nele) — mau sinal.
FERROLHO – pena secreta.
FESTIM – alegria de pouca duração, ruína de temperamento.
FIAR – pesares, tédio.
FIGOS – (na estação própria) — prazer e ventura. — (fora da estação) — desgosto e infortúnio. — (comê-los) — dissipação de bens. — (secos) — decadência de fortuna.
FIO – mistério, intriga secreta — (dobrá-lo) — descoberta de um segredo. — (embarcá-lo) — necessidade de ocultar um segredo a todos os olhos. — (de ouro) — bom êxito à força de intrigas. — (de prata) — intriga frustrada.
FITAS – comodidades, satisfação.
FLAUTA – (tocá-la) — contenda, dissenção futura.

FLORES – (de lis) — grandeza, poder. — (colhê-las) — benefício considerável. — (vê-las, tê-las ou cheirá-las na estação própria) — obstáculos e insucessos. — (brancas) — tênues dificultosos. — (amarelas) — pena extrema. — (vermelhas) — morte.
FLORESTA – (estar numa floresta ou prado) — vergonha e prejuízo para os ricos. — para os pobres, proveito.
FOGO – (vê-los) — cólera, perigo. — (na chaminé, sem fumo, nem faísca) — sinal de abundância. — (apagado) — indigência, necessidade, falta de dinheiro,
FOGUETE – triunfo momentâneo.
FOLHAS – (vê-las cair) — doença perigosa.
FOLE – mexericos falsos.
FONTE DE ÁGUA CLARA – abundância, saúde. — (vê-la rebentar em sua casa) — honra e lucro.
FORCA – (sentir-se pendurado nela) — dignidade, elevação.
FORNO – facilidade, riqueza. — (aceso) — abundância. — (muito ardente) — mudança de lugar.
FORTUNA – (sobre a sua roda) — perigo próximo.
FOSSO – (cair nele) — cilada, traição.
FRADE – traição de um falso amigo.
FRICASSÉ – (fazê-lo ou vê-lo) — loquacidade de mulheres.
FRIEIRAS – desejos indiscretos.
FRUTOS – (comê-los) — engano de mulher. — (vê-los bons) — prazer, fraqueza de espírito.
FUMO – falsa glória.
FÚRIAS – tribulações suscitadas pela inveja, por ódio mortal.

G

GALANTERIA (galantear damas) – satisfação, boa saúde.
GALEOTE – audácia, ânimo, força. — (fugindo) — desgraça.
GATO – traição de parente chegado. — (deitado ou dormindo) — ataque próximo. — (furioso) — ataque de ladrões.

GAVIÃO – (segurar um) — lucro.
GELO – (olhá-lo ou caminhar sobre ele) — inimigos coléricos.
GIGANTE – grande sucesso, triunfo certo.
GIRAFA – (vê-la caminhar) — grandeza, elevação.
GLADIADOR – agonia.
GOTA – (se a pessoa é moça) — terror, pânico, perigo pessoal. — (se for velha) — languidez e miséria.
GRANDES – (ser abandonado por eles) — alegria, consolação, bom sucesso. — (se for por eles visitado) — honra.
GUARDAR DENTES – saúde, segurança.
GOELA – (cortá-la a alguém) — dano involuntário. — (dar-lhe um golpe e não morrer) — esperança e bom sucesso.
GUITARRA – prazeres pouco dispendiosos.

H

HARPA – cura de loucura.
HERA – amizade.
HERANÇA – ruína, miséria, desespero.
HERPES, SARNA, ÚLCERAS – riquezas em proporção da grandeza desses males.
HOMEM – (de bela figura) — satisfação, alegria, saúde. — (sendo a mulher que sonha) — questões violentas. — ciladas a temer (sendo o homem que sonha) — (trajado de branco) — bens futuros. — (de negro) — perda considerável.
HOMICIDA – (sonhar com ele) — segurança.
HORÓSCOPO – engano.
HOSPITAL – miséria, privações.
HIDROPISIA – precisão, gravidez misteriosa.

I

IDOLATRIA – maus negócios.
ICTERÍCIA – riqueza, fortuna imprevista.
IDÓLATRA – maus negócios.
IGREJA – (edificar uma) — amor divino, prosperidade. — (entrar nela) — proceder honroso.
ILHA – tédio, solidão.
ILUMINAÇÃO – lágrimas.
IMAGENS – (sendo bem feitas) — desgostos, injúrias. — (sendo grosseiras) — prazer, alegria, transportes.
IMUNDÍCIE – benevolência de quem o sonhador será vítima.
IMPERADOR – (ver um e conversar com ele) — projeto de evasão, fuga, inquietações.
IMPERATRIZ – perda de postos, de dignidade, de reputação.
IMPOTÊNCIA – fortuna imprevista, ilustração.
INCÊNDIO – (vê-lo) — perigo. — (apagá-lo) — fortuna.
INCENSO – lisonjeiros, parasitas, traição.
INCÓGNITO – (ver um incógnito) — alegria, honra, bom sucesso e expedição de negócios.
INFERNO – (escapar-lhe) — desgraça se for o sonhador rico e poderoso; se for pobre e doente, consolação, alívio.
INIMIGOS – (conversar com os seus) — desconfiança saudável. — (jogar com eles) — desvantagem. — (ser tomado por eles) — embaraço, negligência, preguiça.
INJÚRIAS – sinais de amizade, favor.
INQUISIDOR, INQUISIÇÃO – inocência perseguida e triunfante.
INSTRUMENTO – (ouvi-lo) — cura de achaques. — (tocá-los ou vê-los tocar) — exéquias.
INUNDAÇÃO – ruína imprevista, acidentes graves.
INVENTÁRIO – bancarrota, da qual o sonhador fará parte.

IRMÃOS E IRMÃS – proveitos e júbilo; (falar-lhes) — enfado. — (se o sonhador os viu mortos) — longa vida.

J

JANELA – (pôr-se a ela) — demanda que redundará em proveito do sonhador. — (descer por ela) — quebra de um parente próximo, humilhação.
JARDIM – (cultivá-lo e admirá-lo) — prosperidade próxima.
JAVALI – (persegui-lo e impossibilitá-lo de fazer mal) — vitória, satisfação.
JEJUM – temores malfundados.
JESUS CRISTO – (falar-lhe) — consolação.
JOELHOS – (ver alguém de joelhos) — demora em suas empresas.
JOGO – (ganhar no jogo) — perda de amigos. — (perder) — alívio. — (jogos inocentes) — alegria, saúde, prazer, prosperidade, união de família.
JUÍZES – malícia e crueldade. — (se o sonhador tem alguma coisa a exprobar-se) — desculpa. — (exercer-lhe as funções) — tédio.
JURAR OU OUVIR JURAR – tristezas e má notícia.
JUSTIÇA – (se por ela castigado) — amores, infidelidades.
JUSTIFICAR – (justificar-se de uma acusação) — mérito raro.

L

LÁBIOS – (tê-los vermelhos) — saúde dos amigos e conhecidos de que o sonhador não tenha notícias.
LABORATÓRIO – perigo de doença.
LABIRINTO – segredo descoberto.
LACAIOS – inimigos ocultos.
LAÇOS – (achar-se preso neles) — embaraço, trabalho em sair de algum negócio.

LADRÃO – (entrando furtivamente na casa do sonhador) — segurança do sonhador.
LAGOA – (ver uma pequena) — bagatela, miséria, apesar do trabalho.
LAGOSTA – dor, desunião.
LÂMPADA – afastamento de negócios. — (acesa) — paixão e penas.
LAMPIÃO – (aceso) — alegria, felicidade. — (apagado) — miséria, loucura.
LARANJAS – (vê-las ou comê-las) — feridas, dores ou grandes desgostos.
LARANJEIRAS – lágrimas, aborrecimentos.
LEÃO – (comer-lhe a carne) — riquezas, honra, poder vindos do príncipe. — (lutar com ele) — contenda, questão perigosíssima. — (vencê-lo) — bom sucesso.
LEBRE – amizade. — (ver muitas lebres) — lucro. — (poucas) — perdas.
LEGUMES – (vê-los na terra) — aflição, trabalho.
LEITE – (beber) — amizade de mulher. — (entorná-lo) — perda no comércio.
LENTILHAS – (comê-las) — ocupação.
LEOA E LEÕEZINHOS – felicidade doméstica.
LEPRA – proveito, riqueza com infâmia.
LEQUE – rivalidade, pequena perfídia.
LER – (comédias etc., com gosto) — consolação e alegria. — (livros sérios) — sabedoria, virtude. — (escrituras) — boa fortuna.
LICORES – gostos falsos.
LIGAS – doença.
LÍRIO – (fora do tempo) — esperança enganosa.
LOBO – (vê-lo) — avareza. — (ser por ele mordido) — inclinação baldada.
LOTERIA – (vê-la tirar) — ganho no jogo.
LUNETAS – desgraça, melancolia.
LUSTRE – (cheio de velas acesas) — aquisição.

LUVAS – (nas mãos) — honra.
LUZES – (ver muitas) — lucro.

M

MACACO – inimigo malicioso, mas fraco, estranho ou incógnito.
MACARRÃO – guloso, parasita.
MACHADO – perigo de morte.
MACHO – (vê-lo) — malícia, capricho, loucura.
MACIEIRA – (ver uma e moer-lhe o fruto maduro) — contendas, cólera contra amigos.
MADEIRAMENTO – operações ruinosas.
MÁGICO – acontecimento imprevisto, surpresa.
MANHÃ – (levantar-se pela) — lucro, vantagem.
MÃOS – (lavá-las) — trabalho, inquietação. — (olhá-las) — doença. — (cabeludas) — cativeiro, tédio.
MARCHA RÁPIDA – negócio urgente.
MARCHAR COM PASSO FIRME – instrução de que o sonhador tirará proveito.
MARGEM – ventura, tranquilidade.
MARINHEIROS – perigo de viagem.
MARIOLA – assistência de amigos ou parentes. — (carregado) — ajuda solicitada e recusada.
MÁRMORE – desavença, frieza.
MARMOTA – pobreza, preguiça.
MARTELO – opressão.
MARTÍRIO – (sofrê-lo pela fé) — honras e venerações públicas.
MASCARADA – astúcia, engano.
MATAR ALGUÉM E ACORDAR SOBRESSALTADO – tranquilidade de espírito, paz de coração.
MECHAS – riquezas, tesouros.
MÉDICO – (sê-lo) — gracejo.

MEALHEIRO DOS POBRES – penúria. — (roubá-lo) — fortuna.
MEIRINHO – ciladas, acusação de falsos amigos.
MEL – (comê-lo) — bom sucesso em negócios, segurança em jornada.
MELRO – maledicência, suspeita.
MEMÓRIA – (compor uma) — acusação.
MENDIGO – desgostos domésticos.
MESA – (ver uma) — alegria. — (por-lhe a toalha) — abundância.
METAMORFOSE – viagens, mudança de sítio.
MENINO COM SUA AMA – doença perigosa.
MILHO – (campo de milho) — grandes riquezas adquiridas sem dificuldades. — (comê-lo) — penúria absoluta.
MISSA – (ir ouvi-la) — satisfação interior. — (cantada) — alegria ruidosa.
MOCIDADE – (ver-se moço) — felicidade, bom tempo a passar.
MOEDA – (cunhá-la) — lucro, ditoso porvir. — (fabricá-la falsa) — vergonha e exprobação. — (introduzi-la no comércio) — destreza e perigo. — (tê-la de ouro) — angústia. — (de prata) — mediocridade. — (de cobre) — fortuna brilhante.
MOER – (trigo) — riqueza. — (pimenta) — espera incerta ou prolongada melancolia.
MOINHO – riqueza e bom sucesso em proporção à sua rapidez.
MOLHOS – mentiras, falsas novas.
MONTANHA – (subi-la) — pena ou jornada no fim de certo tempo. — (descê-la) — sucesso pouco importante.
MONTEPIO – fortuna, emprego, honra.
MORANGOS – lucro inesperado.
MORCEGOS – (brancos) — meio sucesso. — (pretos) — aflição.
MORDIDELA – (tê-la no pé dada por cobra etc.) — inveja. — (senti-la) — ciúme.
MORTO – (beijar um) — longa vida. — (ver algum no esquife) — indigestão. — (ver morta alguma pessoa que tem saúde) — tédio, desgosto, perda de sentença. — (estar morto) — favor de uma grande riqueza, longa vida perturbada por invejosos.

MÓVEL – riqueza, fortuna.
MOCHO – enterro.
MULA – (ter uma) — aumento de negócios. — (carregada) — embaraço.
MULHER – (ver uma) — doença. — (trigueira) — doença perigosa. — (clara) — livramento. — (grávida) — nova agradável. — (ouvi-la ralhar) — grande tormento.
MULTIDÃO – importunidade.
MÚSICA – (ouvir, cantar e tocar instrumento) — alegria, melhoras para a pessoa que está doente.
MIRTO – declaração amorosa.

N

NABOS – (vê-los ou comê-los) — esperanças mal fundadas.
NADAR – prazer, comodidade, voluptuosidade.
NARIZ – (vê-lo mais grosso que o usual) — riqueza e poder. — (perdê-lo) — adultério. — (tê-lo monstruoso) — abundância. — (ter dois) — discórdia e contendas.
NASCIMENTO – (nascer) — boa fortuna.
NAVIO – (no mar) — feliz presságio para o que o sonhador deseja. — (a vela) — boa nova. — (ricamente carregado) — volta de bom tempo. — (impelido pelas ondas) — perigo.
NEVE – (brincar com a neve) — colheita abundante.
NINHO – (achar um) — lucro. — (de cobras) — inquietação, grande.
NÍVEL – juízes incorruptíveis.
NÓ – embaraço. — (fazer um) — enleio, perturbação. — (desatá-lo) — desenredar os seus negócios e os dos outros.
NOZES, AVELÃS, CASTANHAS ETC. – perturbações, dificuldades seguidas de riqueza e satisfação. — (achá-las quando escondidas) — descoberta de um tesouro.
NU – (estar nu) — doença, pobreza, afronta, fadiga. — (correr nu) — parentes pérfidos. — (ver sua mulher nua) — engano. — (seu

marido nu) — segurança e felicidade nas empresas. — (seu amigo ou criados nus) — discórdia, contenda.

NÚMERO – (contar as pessoas presentes) — dignidade, poder, ambição satisfeita.

NUVENS – (vê-las precipitar umas sobre as outras) — discórdia na família.

O

OBRAS – (rudes ou grosseiras) — escravidão.

OBREIROS – (vê-los trabalhar) — repreensões e queixas que alguém sofrerá.

OCULISTA – falta a reconhecer, reparação a fazer.

OFERTA E VOTOS À DIVINDADE – volta à ventura, amor divino.

OLHO – (perder um) — morte de ascendentes.

OLHOS – (doentes) — perda de filhos ou amigos.

OLIVEIRA – (cheirá-la) — casamento próximo.

ÓRGÃO – morte de parentes. — (ouvi-lo) — alegria, herança.

ÓRGÃOS DOENTES – vergonha, infâmia iminente.

ORNATOS – (de igreja) — tranquilidade de espírito.

OSSOS – (de morto) — penas e obstáculos.

OSTRAS – amizade e alegria.

OURO – (fazê-lo) — tempo perdido. — (maneá-lo) — cólera. — (achá-lo) — lucro.

OVOS – (em pequeno número) — ganho e lucro. — (em grande quantidade) — perda de demanda. — (brancos) — pequena vantagem.

P

PÁ – trabalhos ingratos.

PACTO COM O DIABO – bom sucesso por meios ilícitos.

PAI – (ver o seu) — alegria.

PALÁCIO – (ver um) — inveja. — (habitá-lo) — favor dos grandes. — (destruí-lo) — poder usurpador.
PALÁCIO REAL – intriga, complicações de negócios.
PALHA – (espalhada aqui e ali) — miséria aperto.
PALIÇADA – estorvo repentino. — (transportá-la) — segurança, fortuna, triunfo.
PALITO – mau sinal.
PÁLIO – esperança de cura para um amigo doente.
PALMAS – glória e homenagem.
PÃO, TRIGO – (comê-los) — lucro. — (quente) — acusação. — (amassá-lo) — grande prazer próximo.
PAPA – felicidade na outra vida.
PAPAGAIO – descoberta de um segredo.
PARAÍSO – infortúnio, miséria, desgostos caseiros.
PARALISIA, PARALÍTICO – miséria, doença.
PARENTES – erro, perfídia.
PÁSSAROS – (apanhá-los) — gosto e lucros. — (matá-los) — dano.
PASSEIO – (dar sozinho um passeio) — segurança. — (para dois amantes) — felicidade passageira.
PASTÉIS OU DOCES (fazê-los) – alegria e ganho.
PATOS – (vê-los) — honra e favor da parte do soberano. — (grasnando) — lucro e segurança em negócios
PAUS – (jogá-los) — pesar, desgraça. — (vê-los cair) — ruína de um grande ou de um negociante.
PAVÃO – (ver um empavonando-se) — riqueza.
PEDRAS – (caminhar alguém sobre elas) — pena e sofrimento.
PEDREIRO – tédio, fadiga, gastos, lucros.
PEITO – (belo e são) — saúde e alegria. — (cabeludo) — lucro ao homem. — (na mulher) — perda de marido. — (largo) — vida longa e fortunosa em anos maduros.
PEIXE – (pescá-lo grande) — alegria e lucro. — (pequeno) — desgosto e ruína.

PEIXEIRA – gosto seguido de pesares.

PENÚRIA – perda próxima.

PEPINOS OU MELÕES – (comê-los) — falsa esperança, cura pronta, se o sonhador estiver doente.

PEQUENINOS – (ver os pés aos seus) — alegria, lucro, saúde, prazer, consolação.

PERDÃO – saudades, desgostos, luto.

PERDIZ – trato com mulheres ingratas, falsas, maliciosas.

PERFUMES – (compô-los ou distribuí-los aos seus amigos) — notícias agradáveis para eles e para si mesmo.

PEREGRINO, PEREGRINA – feliz presságio. — (sê-lo) — impenitência.

PERGAMINHO – firmeza, tenacidade.

PERNAS – (vê-las sãs) — alegria, ventura. — (inchadas ou cortadas) — perda, dano.

PÉROLAS – miséria, tristeza. — (pescá-las) — penúria, fome. — (enfiá-las em colar) — tédio, solidão.

PERUS – amigos ou parentes a ponto de enlouquecerem.

PÉS – (ter dor neles) — alívio próximo. — (beijar os de outrem) — arrependimento, mudanças de proceder.

PESCAR COM LINHA – paciência, esquecimento.

PESCOÇO – honra, herança. — (inchado por tumor) — enfermidade próxima.

PESTE – (ser acometido por ela) — fortuna divulgada, que alguém quer tirar do sonhador.

PIMENTA – birra, teima.

PLANÍCIE – (vasta e extensa) — alegria, bom sucesso.

PLANTAS – (comê-las) — fim de desgosto, expedição de negócios.

POÇO – (tirar-lhe água clara) — casamento vantajoso.

POLTRONA – lugar eminente.

POMBO BRANCO – consolação, devoção, feliz êxito em negócios.

POMBA – alegria, benefício, surpresa.

PONTAS – (chifres de um animal) — queda num fosso.

PONTE – (passar por uma) — trabalho. — (vê-la rubra ou quebrada) — justo medo. — (cair dela) — desarranjo no cérebro.
PORCO – pessoa ociosa, preguiçosa, ávara.
PORCO-ESPINHO – negócio delicado, escabroso.
PORTA – (arrombá-la) — prisão muito próxima. — (queimada) — morte do dono da casa.
PORTO DE MAR – (ver um) — alegria, lucro, boa nova.
PRADO – (achar-se nele) — gosto e saúde. — (vê-lo ser aparado) — bom sinal.
PRATA – penúria. — (vendê-la) — melhora em negócios.
PRATELEIRA – acontecimento notável.
PRECIPÍCIO – (cair nele) — grande ultraje e riscos.
PRESENTES – (oferecê-los) — ruína, decadência. — (recebê-los) — lucro em casa.
PRESUNTO – salário, recompensa. — (comê-los) — aumento de família ou fortuna.
PRÍNCIPES – (habitar com eles) — favor precário.
PRISÃO – (entrar nela) — salvação. — (viver nela) — consolação.
PROCESSO – amizade considerável.
PROCISSÃO – felicidade, alegria.
PROFANAÇÃO – infortúnio, miséria.
PROVISÃO – dinheiros ou fato roubado.
PULGAS – aborrecimento, dissabor, incômodo.
PUNHAL – (ferir com ele alguém) — desgostos superados, inimigos vencidos. — (receber uma punhalada) — notícia de morte.
PUNHOS DE CAMISA – honras, empregos. — (rostos) — perda de emprego.
PÚSTULAS – (tê-las no corpo) — riqueza em bens territoriais ou em dinheiro.
PIRÂMIDES – grandeza e riqueza. — (estar sobre as suas pontas) — boas aquisições.

Q

QUARENTENA – (fazê-la) — desleixo, loucura.
QUEIJO – contrariedade. — (comê-lo) — ganho, lucro. — (vários) — riqueza para algum parente ou amigo.
QUERELA – constância em amizade. — (de homem) — inveja. — (de mulheres) — grande tormento. — (dos dois sexos) — amor quase a nascer.

R

RÁBANOS – (comê-los) — doença de um parente ou amigo íntimo.
RAIO – (vê-lo cair junto a si) — exílio ou fugida.
RAÍZES – (comê-las) — discórdia.
RAPOSA – surpresa por ladrões. — (fazê-la fugir) — inimigo cauteloso e maligno.
RAPTO – pedido de casamento.
RATO – inimigo oculto e perigoso.
RATOEIRA – precaução que se deve tomar contra maledicência.
REBECA – boa harmonia entre casados.
REBIQUE – traição, falsidade.
RECIBO – esquecimento de injúrias, perdão, absolvição.
REDE – (para pescar) — chuva, ou, antes, mudança de tempo.
REGATO – (de água clara) — presságio de emprego honroso e lucrativo. — (de água turva) — perda e dano de partes dos inimigos, incêndio e demanda.
REGOZIJOS – (públicos) — miséria pessoal.
REI – (ver um rodeado de sua corte) — engano, ciladas, lisonjas. — (só) — clemência, perdão de injúrias.
RELÂMPAGOS ou SINAL NO CÉU – discórdias, guerra.
RELÍQUIA – tesouro em perigo.
REMÉDIO – (tomá-lo a custo) — penúria. — (alegremente) — desleixo.

RELÓGIO – emprego de tempo.
REPOUSO – (estar em) — perseguição.
REPUXO – falsa alegria.
RETRATO – longa vida à pessoa que ele representa. — (receber um ou dá-lo) — traição.
RICOS – (estar ou conversar com pessoas ricas) — ódio sem lucro, triunfo sobre seus inimigos.
RIR – (ouvir gargalhadas) — contrariedades para o sonhador.
RIVAL, RIVALIDADE – empresa desgraçada.
ROCHEDO – trabalho e pena. — (subi-lo a custo) — bom sucesso tardio. — (descê-lo) — perda de parentes ou amigos.
RODA – arranjo de negócios difíceis.
RODA DE FORTUNA – perigo.
RODAS – (vê-las) — doença.
ROLA – fidelidade, um consórcio.
ROSAS – (vê-las na estação própria) — bom sinal. — (fora da estação) — mau sinal.
ROSTO – (magro e pálido) — tédio, pobreza, carestia de víveres.
ROUBAR ROUPAS – queda e ruína próxima.
ROUBO – (de roupa, dinheiro, comestíveis) — morte do sonhador ou de algum de seus parentes ou amigos.
RUA – acolhimento favorável.
RUÍNAS – fortuna, sucesso, triunfo.

S

SABÃO – negócios desenredados, assistência de amigos ou parentes ricos.
SÁBIOS – (conversar com eles) — engano, desilusão.
SACA-ROLHAS – fortuna imprevista.
SAGRAÇÃO – (de um rei ou soberano) — felicidade, bom sucesso, triunfo momentâneo.
SAL, SALEIRO – sapiência.

SALMÃO – (fresco) — triste presságio, desunião nas famílias. — (salgado) — união perfeita.
SANFONA – (ouvi-la) — acontecimento desagradável. — (tocá-la) — desgostos retardados.
SANGRAR – (pelo nariz) — vergonha geral, desrespeito, desprezo.
SANGUE – (perder o seu) — dores de cabeça, enxaqueca. — (em quantidade) — fortuna.
SANGUESSUGA – avareza, usura.
SAPATEIRO – entrega de algum dinheiro.
SAPATOS – pobreza, tédio, azar, pesar.
SAPO – desavença entre amigos.
SARAU – (baile) — mexericos, enredos, invejas.
SARDINHAS – azedume, contendas domésticas.
SAÚDE – mau presságio para doentes.
SEDA – riqueza, grandeza.
SEDE – (ardente) — tristeza. — (de água turva, corrupta) — aflições e doenças que durarão toda a vida.
SEIO – (de mulher, arranhado, ensanguentado) — esterilidade. — (cheio de leite) — casamento próximo. — (murcho ou enrugado) — doença de criança.
SEMEADORA – riqueza, alegria e saúde.
SEMINÁRIO – falsidade, traição.
SENADO – borrascas políticas.
SENTINELA – desconfiança, segurança.
SEREIA – traição, melancolia durável.
SERPENTE – sedução próxima. — (que se enrosca) — ódio, doença, prisão, perigos. — (matar uma) — vitória sobre seus inimigos. — (com várias cabeças) — sedução próxima, pecado.
SERRA – expedição de negócios, bom sucesso, satisfação.
SERRALHEIRO – flexibilidade, esquecimento de si mesmo.
SOBRANCELHAS E PÁLPEBRAS – (mais compridas que as naturais) — bom sucesso no amor, boa fortuna.

SOL – (vê-lo) — expedição de negócios às claras. — (quando se põe) — nascimento de uma filha.
SOLDADOS – cansaço, tédio.
SOLDO – pobreza.
SONÂMBULO – descanso interrompido, agitação, tumulto.
SORTILÉGIO – engano, falsidade.
SUBTERRÂNEO – viagem.
SUICÍDIO – desgraça que o sonhador motivará a si mesmo.
SUPLÍCIO – (sofrer um) — honrar, respeitos por algum tempo.

T

TABACO – (cheirá-lo) — prazer sensual. — (espalhá-lo) — despeito.
TAFETÁ – riqueza brevemente desbaratada.
TAMBOR – perda insignificante.
TAMBORETE – dignidade puramente honorífica.
TARTARUGA – inimigo secreto. — (comê-la) — pequeno sucesso obtido por longas fadigas.
TETO – comando, dignidade.
TEMPO – (belo) — segurança enganosa.
TENAZES – tormento, perseguição.
TENDAS – guerras ou contendas próximas.
TERRA – (vê-la negra) — tristeza, melancolia, hipocondria.
TESTA – (larga e alta) — espírito e juízo.
TETAS – (cheias de leite) — ganho.
TEZ – (pálida, amarela ou cor de chumbo) — doença próxima, febre perigosa.
TERMÔMETRO – trama, ataque oculto à reputação.
TIGRE – inimigo invejoso, furioso, irreconciliável.
TINTA – reconciliação. — (derramada) — desavença prolongada.
TIO ou TIA – (ver) — contendas caseiras.
TORRENTE – (caminhar em sua água) — desgosto, adversidade.

TOSSE – indiscrição.
TOUPEIRA – cegueira moral.
TOURO – personagem do qual o sonhador receberá o bem ou o mal, segundo o tamanho de seu vulto.
TRAGÉDIA – (ver representar uma) — perda de amigos e bens, tristezas.
TREMOR DE TERRA – perigo para a vida do sonhador.
TRIÂNGULO – objeto de respeito e duração.
TRIGO – riqueza. — (levá-lo) — enfermidade.
TÚMULO – (estar dentro dele) — perigo e trabalho.

U

ÚLCERAS OU SARNA – (nas pernas) — cuidados, desgostos. — (nos braços) — perda de tempo, dores.
UMBIGO – más novas de pai ou mãe, perigo de sua morte.
UNGUENTO – (fazê-lo) — alegria. — (usá-lo) — grande lucro.
UNHAS – (mais compridas que as usuais) — grande proveito. — (mais curtas que as usuais) — perda e desgosto.
UNIFORME – (trazer um) — glória, valor, celebridade.
URSO – (vê-lo) — inimigo rico, poderoso, audaz, cruel mas inábil. — (ser atacado por um) — perseguições das quais o sonhador se sairá bem.
URTIGAS OU CARDOS – traição. — (ser por elas espetado) — prosperidade.
UVAS – (comê-las maduras) — alegria, ganho, gozo, volúpia. — (verdes) — pequena contrariedade seguida de grande lucro. — (secas) — perda, cuidado, amargura. — (pisá-las) — vitória sobre seus inimigos. — (vermelhas) — exprobação. — (brancas) — inocência.

V

VACAS – (possuí-las) — contrariedade.
VASO – (ver um junto a uma fonte) — trabalho.
VEIAS – desgostos.
VELA – (fazê-la) — alegria, satisfação. — (acesa) — demora nos negócios.
VELHA – sabedoria.
VELUDO – honra, riqueza.
VENCER – (sua mulher) — desordem e devassidão. — (seu marido) — desonra próxima.
VENENO – peste, contágio.
VENTO – perigo de fortuna, agonia.
VENTOINHA – favor de um grande.
VENTRE – (magro) — desembaraço de um mau negócio.
VÉU – (de mulher) — modéstia, boa qualidade, na pessoa amada.
VERDURA – diversão no campo.
VESTE – (ver uma ou tê-la sobre o corpo) — miséria não merecida. — (bordada) — fortuna.
VESTIDO – (branco) — júbilo para quem o traz. — (sujo, roto ou grosseiro) — tédio, tristeza futura, pecado, vitupério, desprezo geral. — (coberto de ouro ou bordado) — júbilo, respeito, honra. — (trazê-lo de várias cores) — desgostos. — (preto) — alegria.
VIAJAR – (a pé) — trabalho, demora. — (em grupo) — bacharelice. — (de carro) — fortuna segura.
VIANDA – alegria. — (comê-la) — júbilo agudo por saudades, danos. — (negra ou dura) — perdas, desgostos.
VÍBORA – inimizade irreconciliável.
VITÓRIA – lágrimas.
VIDRO – situação precária.
VINAGRE – (vermelho) — afronta pessoal. — (branco) — insulto feito a outrem. — (bebê-lo) — contrariedades domésticas.

VINDIMA – prazer, saúde, alegria, riquezas proporcionais à quantidade de uva.
VINGANÇA – demanda longa e ruinosa.
VINHO TURVO – riqueza. — (bebê-lo puro) — força, vigor, saúde. — (aguado) — debilidade de saúde.
VIOLETA – (na estação própria) — bom sucesso. — (fora da estação) — demanda, perda de amigos.
VIZINHO, VIZINHA – discursos mais ou menos perigosos.
VISITA DO MÉDICO – lucro. — (recebê-la) — lágrimas. — (fazê-la) — contenda injusta.
VISTA – (tê-la longa e aguda) — felicidade e bom sucesso em todas as empresas.
VIUVEZ – satisfação, júbilo.
VIVANDEIRO, VIVANDEIRA – recurso para o instante último.

Z

ZEBRA – amizade mal empregada, ingratidão.
ZÉFIRO – inquietação insignificante.
ZERO – poder, fortuna.
ZODÍACO – (ver um signo do) — sorte para a loteria.

Grau de veracidade ou falsidade dos sonhos, segundo a influência que neles exerce a idade da Lua

Dias da Lua   Grau de veracidade ou falsidade dos sonhos

1   O sonho neste dia é percursor de felicidade.

2   Inteiramente falso.

3   Não terá efeito algum.

4   Anuncia felicidade, que, sem dúvida, se realizará.

5   Sem utilidade.

6   Havendo discrição, anuncia bom resultado.

7   Deve-se tomar em consideração, porque se realizará.

8   Também é realizável.

9   Terá efeito antes do fim do dia.

10 Realiza-se com proveito.

11 Verificar-se-á dentro de quatro dias.

12 Verifica-se justamente o contrário do que sonhou.

13 Realizável.

14 Tardará muito a se verificar.

15 Se for de números, entrai na loteria.

16 Verdadeiro.

17 Não se deve contar antes de passar o terceiro dia.

18 Efeito demorado.

19 Dará alegria.

20 Terá efeito dentro de quatro dias.

21 Não merece atenção.

22 Dentro de alguns dias terá efeito.

23 Realiza-se em três dias.

24 Verifica-se completamente.

25 Terá efeito demorado.

26 Merece atenção, porque será útil.

27 É verídico.

28 É verídico.

29 Anuncia fortuna.

30 É mentiroso. Acontecerá o contrário.

31 Proveito duvidoso.

Este livro foi impresso em agosto de 2021, na Gráfica Impressul, em Jaraguá do Sul.
O papel do miolo é o offset 70g/m², e o da capa é o cartão 250g/m2.
A família tipográfica utilizada é a Minion Pro.